CW01639560

Emilio Encabo Lucini y
Juan Romero Corell

Custodia consensuada

Para custodias, colores

LIT-
ERA

Título original: Custodia consensuada. Para custodias, colores

Dirección creativa: Ladies & Gentlemen

© Emilio Encabo Lucini y Juan Romero Corell, 2012

© de la edición:
Litera libros, 2012
C/ Sant Josep 45
46550 Albuixech
www.literalibros.com

Impresión: Gràfiques Vimar

ISBN: 978-84-940292-1-9
Depósito legal: V-2122-2012
Impreso en España

«…and more, much more than this,
I did it my way».

Paul Anka, *My way*

Índice

Para comenzar

El libro que quería ser un café con un amigo

¿Qué sucede cuando una pareja con hijos se separa?
¿A qué acuerdos llega?
¿Con quién viven los hijos?
¿Quién se queda con la casa?
¿Y si los hijos son muy pequeños?
¿Y si son mayores?

No hay una única respuesta a estas preguntas. Son preguntas muy complejas y que en cada familia se plantean de manera muy diferente. Preguntas delicadas que no habría que responder a la ligera y que deberían ser contextualizadas de manera precisa. Preguntas que no se pueden responder así en abstracto, porque la separación es un proceso entre seres humanos. Seres humanos con sentimientos, pasado, pactos, desequilibrios, particularidades.

Nosotros no somos abogados ni psicólogos, no somos jueces ni mediadores. A nosotros nos gustaría que este libro fuera para el lector como un encuentro, como ese café que te tomas un día con un amigo, con alguien de confianza, no con un experto ni con un profesional, sino con alguien que ha pasado por lo mismo por lo que vas a pasar tú. Alguien que ha pasado por algo y de cuya experiencia te fías, alguien con el que hablas porque sabes que lo que te cuenta te va a servir, porque ves que ha salido del proceso sano, alegre y con ganas de vivir.

Queríamos que este libro fuera como ese café porque uno no siempre tiene cerca a esa gente con la que sentarse y hablar. Esa gente que en un momento dado te puede dar una clave importante simplemente contándote una anécdota o confesando que en algún momento se sintió como una colilla o como un cabrón o por fin libre.

Nosotros esperamos que este libro sea para ti un café con once familias.

Once familias que han encontrado su camino personal. Once familias que más allá de los tópicos y de las presiones exteriores, más allá de los miedos y de la rabia, han sabido sentarse y consensuar un acuerdo sobre el que construir su nueva vida. Acuerdos capaces de respetar los procesos de los hijos y de las hijas pero también de los padres y de las madres. Acuerdos que no solo están basados en las responsabilidades de cada uno sino también en sus necesidades.

Y tenemos que confesar que hemos tenido mucha suerte. Nos hemos encontrado con gente que ha sabido sentarse a discutir en momentos muy críticos, en momentos en los que quizás lo que menos les apetecía en el mundo era sentarse a discutir, pero que lo han hecho; y no solo eso, sino que lo siguen haciendo, porque la vida manda y cada día surgen nuevas cuestiones que tienen que resolver.

Hemos visto conflictos, heridas y golpes bajos y a la vez también comprensión y amor. Porque no hemos visto a once familias ideales sino a once familias reales con su necesidad de protegerse o de pasar página, o de descargar su dolor o de hacer las cosas mejor. Pero aun conviviendo con la rabia, con la pena y con cierta sensación de fracaso estos once padres y madres han conseguido sentarse y llegar a posiciones comunes.

Y esa es la clave de este libro.

Esa era la única condición que les pedíamos a las personas que querían contribuir a este proyecto: que hubieran consensuado la custodia.

De ahí el título del libro:

CUSTODIA CONSENSUADA.

Queríamos familias que no hubieran necesitado ir a juicio, que hubieran elegido entre ellos libremente los términos de la custodia (cuántos días están los hijos con el padre o la madre, qué sucede con el domicilio familiar, quién paga el colegio, cuánto dinero aporta cada uno…) sin que una tercera persona se los hubiera impuesto. No queríamos vencedores ni vencidos sino compañeros de proceso.

Ojo, esto no implica que estas parejas no hayan recurrido a abogados, ni que no hayan firmado un documento legal ratificado por un juez. Muchas de ellas lo han hecho. Pero, aunque sea mediante un intermediario, han sido ellas las que han establecido los términos del acuerdo y al haberlo establecido ellas, veremos que se han sentido respetadas por él y responsables de su cumplimiento. No hay nada que uno haga mejor en la vida que lo que ha elegido hacer voluntariamente. Es mucho más fácil no implicarse en las soluciones que se nos imponen de fuera diciendo que son injustas, que nos han obligado a ellas o que no las sentimos nuestras.

Y cuando alguien intenta encontrar su solución particular, la que le corresponde a él mismo porque se basa en su realidad, una realidad que nadie conoce mejor que él, pasa lo que pasa en este libro: que llega a una solución personal.

De ahí el subtítulo de este libro:

PARA CUSTODIAS, COLORES.

¿Por qué?

Porque PARA FAMILIAS, COLORES.

Porque no hay dos familias iguales.

No hay dos familias que tengan las mismas manías, los mismos rituales, los mismos equilibrios, las mismas relaciones, los mismos gustos, la misma situación.

Y si cada familia es única, ¿por qué al separarse tiene que encorsetarse en un modelo preestablecido?

¿No debería la separación, como proceso vital que es, ser más flexible, más personal, más íntimo?

Porque no lo olvidemos, por mucho que sea un proceso legislado, debatido, comentado, una separación es ante todo un proceso íntimo, igual que en su día lo fue la unión de esas dos personas.

Como hemos dicho antes, este libro no está escrito por un psicólogo, ni por un abogado, ni por un pedagogo, ni por un periodista. Este no es un libro terapéutico, ni de autoayuda, ni tampoco un libro que pretenda asesorar legalmente, ni discutir la problemática legal que la separación suscita. Este es un libro en el que le hemos hecho preguntas a personas con hijos que se han separado y estas, a través de sus respuestas, nos han contado su experiencia. Nos han contado cómo eligieron el tiempo que los hijos estaban con cada uno de ellos, quién se quedó con el domicilio familiar, cuánto dinero pone cada uno, cómo celebran los cumpleaños, cuántas veces a la semana hablan con sus hijos por teléfono...

Preguntas y preguntas, preguntas anecdóticas, preguntas vitales, preguntas objetivas, preguntas subjetivas, preguntas balance y preguntas puntuales. Preguntas para componer un retrato en movimiento de un proceso.

Nunca les agradeceremos lo suficiente a estas personas que hayan compartido con nosotros una información tan íntima, tan privada. A veces a nosotros mismos nos parecía impúdico preguntarles cosas que, como alguno de ellos nos dijo, no le habían contado a nadie. Pero nos parecía muy importante que estuviera toda la información en el libro, porque uno de nuestros motivos para escribirlo era que sirviera de inspiración a personas que se están separando y están buscando su «manera», su camino.

Cuando el lector acabe el libro, se dará cuenta de que todo influye en los acuerdos alcanzados por estas familias: la situación económica del padre y de la madre, su horario laboral, la edad de los hijos, la distancia geográfica entre casas e incluso el pasado: lo que uno ha hecho o ha dejado de hacer por la familia y también factores muy subjetivos como el apego o la necesidad de tener cerca a los hijos, o incluso el reconocimiento de que uno no puede estar mucho tiempo seguido al cargo de los hijos.

Lo que el lector va a encontrar en este libro son once historias de familias reales, once historias inacabadas que en estos momentos siguen definiéndose, mutando, escribiéndose. Once historias con su cronología, sus particularidades y mucha información. Tanta que no sabíamos muy bien cómo recopilarla para no marear al lector y que pudiera apreciar la riqueza sin perderse. Finalmente hemos decidido en una primera parte simplemente contar la historia de cada una de esas familias para que el lector se familiarice con ellas y conozca a grandes trazos su caso. Luego, en una segunda parte, hemos dispuesto en esquemas y tablas la información de todas las familias sobre ciertos temas como el reparto de los días, las cuestiones legales, el apartado económico, la relación entre el padre y la madre después de la separación, etc.

El objetivo de esos capítulos es mostrar condensadas las opciones elegidas por cada familia para cada uno de los temas. Así el lector puede ver de una mirada todas las soluciones posibles a un mismo problema.

¿Por qué once familias?

Al empezar el proyecto pensamos en diez porque nos parecía un buen número, un número redondo. Cinco o seis familias nos parecían pocas y veinte nos parecían demasiadas, demasiada información para que el lector pudiera asimilarla sin perderse. A mitad del proyecto descubrimos que también aportaría mucho al libro la historia de una familia que estuviera iniciando su separación, una familia que todavía no hubiera encontrado su camino y que estuviese en plena vorágine. Encontramos una que quiso participar y añadimos su historia a las otras familias. Por eso once.

Para terminar, mientras estábamos recopilando la información nos surgió la necesidad de completar la información que nos daban las familias con la información de un abogado y más tarde de una mediadora. Queríamos conocer su opinión profesional sobre los diferentes temas que salían en el libro así como descubrir en qué manera esos profesionales podían ayudar a las familias a encontrar su camino. Así que hemos incluido en el libro, levemente comentadas, las entrevistas con Sergio Martínez Llodrá —abogado— y Maribel Vidal Cháfer —mediadora de la agrupación «Mediacción, intervención efectiva en conflictos»—.

Esperamos que el lector pueda disfrutar de toda la riqueza que, incluso en una cuestión tan crítica como esta, puede mostrar el ser humano y que se alegre de ver que las cosas se pueden hacer de muchas maneras diferentes si se dedica el tiempo y el amor suficientes para hacerlas.

Hay vida antes de la separación

Cuanto más analizábamos las entrevistas que han servido a la elaboración de este libro, cuanto más hablábamos del tema y más información recabábamos, más nos dábamos cuenta de que, aunque la separación se suele presentar como una discontinuidad, como una ruptura en la vida de la gente, eso no es del todo cierto. Sí que es indiscutible que se produce una ruptura sentimental entre la madre y el padre y que probablemente no vuelvan a vivir juntos, ni a acostarse juntos, ni a tener hijos juntos…, pero en lo que al día a día se refiere —tanto del padre como de la madre o de los hijos y las hijas— muchas cosas seguirán teniendo mucho que ver con lo que sucedía antes de que la familia se separase.

No.

No todo lo que va a suceder en una familia que se separa es achacable a la separación. Decir eso sería muy injusto y sobre todo sería falso.

Cuando hablamos de procesos de separación, de repente empezamos a hablar de responsabilidades económicas, de reparto de los días, de cuidado de los niños, de viviendas adecuadas, de estabilidad emocional, de necesidades afectivas, de quién tiene la última palabra, si la madre o el padre… Empezamos a hablar de todas esas cuestiones como si salieran de la nada, como si no fueran cuestiones que la familia unida debía afrontar día a día. Nadie se plantea en una familia unida quién tiene la última palabra, si la madre o el padre. Nadie. Si hay que operar a un niño y la madre quiere y el padre no, en un caso de familia separada esta disyuntiva generaría ríos de tinta, hablarían abogados, hablarían especialistas… En un caso de familia unida nadie pensaría ni siquiera en entrometerse. Nadie se sentiría capacitado para entrar en esa discusión. Se supondría que pertenece al ámbito privado y que es allí donde debe resolverse.

Con la separación sucede algo muy violento y es que de golpe el espacio privado por definición que es la familia se ve abierto en canal y convertido en espacio público, como si las paredes y las puertas de una casa se volvieran transparentes o se demolieran.

Y lo mismo con todas las demás cuestiones. Nadie se plantea en una familia unida si el padre o la madre ofrecen a sus hijos el nivel de vida necesario o la mejor vivienda posible. La familia tiene el nivel de vida que tiene y punto. Puede que el padre y la madre trabajen y ganen la misma cantidad de dinero. Puede que uno trabaje y otro no. Puede que uno trabaje muchas horas y el otro nada. Puede que estén los dos en paro. Puede que uno se ocupe siempre de los hijos o que lo repartan al cincuenta por cien o setenta-treinta. Puede que el padre sea muy cariñoso con sus hijos y la madre muy fría. Puede que a uno de los dos le guste mucho jugar con ellos y el otro esté cansado y solo quiera ver la tele. ¡Puede incluso que uno haya querido tener hijos y el otro no!

¿Se sienten más queridos los hijos de las familias unidas?

¿Les quieren más sus madres y sus padres?

¿Son más cariñosos?

¿Les dedican más tiempo?

Cada familia resuelve su situación familiar como quiere o como puede pero nadie entra a juzgarla. Nadie intenta clasificarla, encasillarla. Nadie le dirá a un padre que trabaja casi todo el día y ve poco a su hijo que tiene obligatoriamente que pasar la tarde del miércoles con él. Nadie le dirá a una familia que según sus necesidades va haciendo sus turnos y sus maniobras, que debería escribirlo todo en un acuerdo y que el padre y la madre tendrían que especificar cuánto van a aportar económicamente a la familia, qué tardes van a dedicar a los hijos, quién hará la comida, cuánto van a gastar en ropa...

No solo la obligación de firmar este acuerdo les sonaría absurdo a las familias sino que a muchos les irritaría, les cabrearía sobremanera, lo vivirían como una intromisión en su intimidad, en algo que solo les pertenece a ellos. Conocemos a pocos padres y madres que vivan juntos y se sientan socialmente juzgados como padres y madres.

Otro tópico que nos gustaría ayudar a desmentir con este libro es el de las discusiones entre los padres y las madres separados. No vamos a decir que estas no existan, no vamos a decir que no puedan ser numerosas, ni violentas, ni desagradables, ni que afecten a cuestiones importantes. Eso no lo vamos a decir porque este es un libro hecho desde la realidad. Lo que sí podemos decir con toda tranquilidad es que todas esas discusiones también se producen en la familia unida. Como nos cuenta uno de los entrevistados del libro:

> *Mi hijo se quiere ir de viaje de fin de curso con su clase al extranjero. Su madre es favorable a que lo haga y yo no. No sé cuánto nos costará ponernos de acuerdo: dos, tres llamadas de teléfono. Seguro que son un poco duras y, bueno, igual levantamos un poco el tono, pero si estuviéramos viviendo juntos y fuéramos todavía pareja estaríamos discutiendo del viaje del niño todas las noches una y otra vez sin avanzar y sería mucho más engorroso y desagradable. Ahora, cuando discutimos algo sé que, por muy difícil que sea, acabaremos encontrando una solución y que esas discusiones no contaminan toda mi vida.*

Con esto no queremos hacer apología de la separación y decir que es más fácil discutir las cuestiones desde la distancia. Lo que queremos decir es que la realidad es siempre mucho más compleja que los tópicos y que hay que observarla con atención antes de hablar.

En la familia unida también existen infinidad de discusiones y hay que llegar a infinitos consensos día a día. Sí, es verdad, cuando la familia está unida, se supone que el padre y la madre se quieren más y están metidos en el mismo proyecto y reman en la misma dirección y eso facilita las cosas, pero aunque esto sea realmente cierto, tampoco lo es menos el hecho de que el día a día, el roce cotidiano, también desgasta mucho a las parejas.

Una familia unida también tiene que decidir quién lleva a los hijos al colegio, quién los recoge, quién los lleva a extraescolares, e incluso a qué extraescolares van.

¿Quién decide si es mejor que la hija toque el piano o el violín o cante en un coro o estudie informática? ¿La hija? ¿El padre? ¿La madre?

En una familia unida también hay que decidir cuanta ropa se les compra y si es ropa cara o barata o moderna o clásica y qué tipo de comida se come: si se opta por una más sana o una más precocinada y hay que decidir si se les permite a los hijos y las hijas comer bollos o gominolas o helados y si se les deja hacer un viaje al extranjero o ir a la discoteca o dejarse los estudios.

Y lo que es más importante: padres, madres e hijos toman estas decisiones sin estar forzosamente de acuerdo. Dentro de las familias unidas hay toda clase de presiones, áreas de influencia, luchas de poder, equilibrios, preferencias, debilidades, desequilibrios, roles.

Podría suceder que fuera el padre el que siempre le comprara gominolas a su hija y que fuera la madre la que se empeñara en que comiera más sano, o que fuera la madre la más preocupada por que estudiara inglés y el padre el que pensase que eso no sirve para nada.

¿Quién quiere más a su hija?

¿Quién es más responsable?

¿Quién le hace el mayor bien?

Estas disyuntivas son las típicas disyuntivas de las que hablamos cuando hablamos de familias separadas: «su padre se pasa el día comprándole gominolas y parece el bueno y yo la mala» o «su madre está empeñada en que vaya a inglés y no se da cuenta de que nuestra hija acaba agotada el colegio y lo que necesita es descansar».

De repente se duda de la capacidad de un padre o de una madre para criar a sus hijas y a sus hijos cuando antes, cuando vivían juntos, nadie se lo cuestionaba.

El padre que no quiere por nada del mundo que su hijo se compre una moto seguirá cuando se separe haciendo lo posible por que no se la compre. Es raro que un padre que no quiere que su hijo vaya en moto, cuando se separe se la compre. Lo que sí puede suceder cuando se separen es que la madre sí se la compre. Al separarte hay una parte de la vida de tus hijos que escapa a tu control, pero bueno, ¿acaso eso solo sucede cuando te separas?

¿No existen a medida que ellos crecen cada vez más partes de su vida que crecen al margen de ti?

Más allá de juzgar quién de los dos quiere más a su hijo o es más capaz de criarla, lo único seguro es que cuando la madre y el padre se separan la presión del otro se vuelve más débil y cada uno tiende más a hacer lo que quiere. En ese sentido, una pareja que se separa en realidad tiene muchas menos cosas que consensuar que una pareja que vive junta. Nadie va ya a querer que el otro cambie ni que se adapte, ni que mejore, ni que le entienda y le acepte. El padre y la madre saben dónde están cada uno y quiénes son. Las discusiones se vuelven igual más duras, más ásperas, pero también más claras.

La manera en la que una familia se separa tendrá mucho que ver con la manera en la que vivía esa familia y sobre todo con cómo son la madre y el padre como individuos al margen de lo que eran dentro de la familia unida.

El peso de las palabras

Separado, separada, divorciado, divorciada, exmujer, exmarido, madrastra, hijastro, niño maleta, pensión alimenticia, régimen de visitas, familia separada, familia desestructurada...

¡Buff!

Cuánto peso, ¿no?

Cuando empezamos a escribir este libro se nos abrieron muchas puertas: muchas familias nos abrieron la de su intimidad; la realidad misma se nos abrió como algo mucho más rico de lo que habíamos imaginado; y, sin embargo, nos dimos de bruces contra un obstáculo con el que no habíamos contado, y ese obstáculo eran las palabras.

¿Cómo hablar de algo de una manera nueva usando palabras viejas?

¿Cómo describir un proceso positivo usando las palabras que se han usado mucho tiempo para cargarlo de negatividad?

Queríamos escribir un libro novedoso, un libro fresco, rápido y transparente, un libro que hablase de una manera distinta de hacer las cosas, y nos encontramos con un montón de palabras usadas, desgastadas, unas palabras cargadas de connotaciones muchas veces peyorativas, casi siempre oscuras. Palabras cargadas de juicios morales y de prejuicios sexistas.

No hace tanto, a principio de los ochenta, cuando empezaron en España los primeros divorcios, la palabra divorciado y sobre todo la de divorciada o separada caían como losas sobre esas personas que decidían poner término a su vida de pareja. En un montón de películas se alimentaba la imagen de que la separada era o bien una mujer que daba lástima porque su marido la había dejado por una mujer más joven, o bien una mujer con una gran carencia sexual y deseosa de acostarse con el primero que se le ofreciese.

Aún hoy —casi treinta años después de los primeros divorcios— se siguen diciendo cosas como: «Ese bar está lleno de separados y separadas muertos de hambre capaces de todo, en busca de otra oportunidad». Y todavía la imagen del hombre divorciado que tiene la gente es la de un hombre triste que no sabe cocinar, ni lavarse la ropa, ni planchar; y mucho menos cuidar de sus hijos, y que cuando sale del trabajo en vez de ir a casa busca el calor del bar (¡!).

A pesar de todo lo que ha sucedido estos años sigue existiendo una imagen de los divorciados y divorciadas como gente que ha fracasado y que tiene más carencias que la gente que sigue casada: carencias afectivas, sexuales, sociales...

¿Y qué decir de los hijos de los separados?

Muchas veces se asimilan familias que se han separado con familias desestructuradas y en cuanto un niño hace alguna travesura o tiene un comportamiento que se sale de la norma se acude al latiguillo: sí, es que sus padres se han separado.

Hijos e hijas traumatizados y desorientados, padres inútiles y melancólicos coqueteando con el alcoholismo, mujeres abandonadas deseosas de encontrar otro hombre que las vuelva a hacer completas, pero sacrificándose por mantener a sus hijos contra viento y marea...

Esa no es la realidad que nos hemos encontrado, esa no es la realidad que estamos viendo a nuestro alrededor, pero las palabras que tenemos para describirla son las mismas.

Obviamente, no es el objetivo de este libro hacer un análisis de la evolución del estatus social de los separados en estos últimos años. Lo que sí es el objetivo de este libro es hablar de lo que ocurre ahora, del presente y del futuro y términos como separado, divorciada, etc. son términos con una referencia clara al pasado. Como dijo uno de los entrevistados:

Se supone que yo ahora soy un separado pero hace ya cuatro años que me separé, vivo con otra mujer que igual que yo tiene hijos, y los dos vamos a tener pronto una hija juntos. ¿Por qué tengo que seguir considerándome un hombre separado? Esa palabra no tiene ya ningún significado para mí.

Y respecto a la negatividad de la vida del separado, otro entrevistado nos dijo:

¿Qué es mala la vida de separado? Mala no. Es complicada, eso sí lo admito. La vida del separado con hijos es complicada. Tienes que pactar, planificar muchas cosas. Pero no es mala. Lo malo era la tensión en casa, lo malo era vivir con alguien al que ya no querías, lo malo era no follar. Eso sí que era malo.

Separado o separada son estados transitorios, igual que cuando uno se cambia de casa. Cuando uno se muda de una casa a otra no se convierte en un «mudado». A nadie se le ocurriría denominar a alguien así. Cuando uno se muda, la casa a la que va se convierte en su nueva casa y punto. El hecho de haber vivido en otra casa no se inscribe en su DNI.

Este ejemplo puede parecer un poco tonto, pero en el caso de parejas que se separan y no tienen hijos es perfectamente asimilable. Obviamente, en el caso de parejas con hijos la cosa cambia pero, ¿en qué sentido cambia? ¿Por qué introducir todos esos conceptos con el prefijo ex delante?

Los únicos vínculos incuestionables que aparecen en una pareja que tiene hijos son los de madre y padre. Y esos vínculos son independientes de que el padre y la madre estén separados. Pase lo que pase, el padre será el padre de sus hijos e hijas y la madre será la madre de sus hijas e hijos. Como dice una de las entrevistadas: «Para mí es muy importante que sea feliz el padre de mis hijos».

El padre de mis hijos, no mi expareja ni mi exnovio, sino el padre de mis hijos.

Por eso en este libro no vamos a hablar de exparejas ni de excónyuges ni de exnada. Vamos a hablar de personas. Este libro trata de personas, de padres y madres con hijos e hijas, y creemos que todas esas palabras heredadas no contribuyen en nada a enriquecer nuestra realidad.

Once familias, once procesos

Familia Azul: Semanas alternas con flexibilidad

Una noche de agosto de 2006, Manuel y Julia deciden separarse. Llevan mucho tiempo de tensión y de desencuentros. Se han dado plazos, han hecho promesas, han tenido momentos de esperanza, han discutido, se han reconciliado, pero esa noche es diferente; los dos lo saben, son conscientes de que han tomado la decisión de separarse y de que ya queda atrás el tiempo en que valoraban todavía la posibilidad de seguir juntos. Ahora la decisión ha sido tomada y más allá del reparto de culpas, del dolor, de la liberación y de todas las emociones que les agitan empieza un nuevo proceso: el proceso de separación. Un proceso complejo y largo en el que saben que hay mucho en juego y que los dos afrontan con muchas dudas y bastante desorientados.

Pero tienen una cosa muy clara, una cosa importante y es que su prioridad es mitigar en la medida de lo posible el sufrimiento de Pablo —su hijo de cinco años— e intentar aumentar al máximo sus posibilidades de ser feliz en la nueva situación (una situación que él no ha elegido y que le va a coger por sorpresa).

Consultan con amigos, con familiares y con psicoterapeutas. Están muy preocupados por cómo comunicárselo a su hijo y por cómo hacerlo bien. En palabras suyas:

> *Queríamos separar nuestro dolor, rabia, frustración mutua, para no trasmitirle a nuestro hijo esto y estar unidos en nuestra decisión, sin quitarle el grado de pena, dolor y rabia que él debía sentir. Permitirle expresarlo y aprender a sobrellevar que para él, nuestro hijo, no era la mejor decisión, aunque para nosotros como adultos sí lo fuese.*

Y es esa preocupación por su hijo la que les hace convivir todavía dos meses juntos. En esos dos meses, a pesar de la rabia, del ambiente casi «irrespirable» y de lo complicada que se vuelve la vida cotidiana, los dos consiguen sentarse y dialogar, dejar a un lado los ajustes de cuentas y llegar a un consenso que regule todos los aspectos prácticos de su separación y que defina de manera clara cómo va a cambiar desde el día en que se separen la vida de su hijo.

Es entonces, a principios de octubre, con todo bien atado, cuando se lo cuentan a él. Cuatro días después, Manuel se muda a un piso cercano y la familia empieza su nueva andadura.

¿Qué sucede en esos dos meses?

¿A qué acuerdos llegan?

¿Qué factores han sido los más importantes para llegar a un consenso?

Al principio es un poco caótico, todo se mezcla: dinero, casas, días, ropa, deberes, derechos, disponibilidad, horarios... Poco a poco el caos se va ordenando y Manuel y Julia se dan cuenta de que tres son las cuestiones más importantes que tienen que resolver:

· Dónde va a vivir cada uno de ellos.

· Cuánto tiempo va a pasar Pablo con cada uno de ellos.

· Cómo repartirán los costes económicos de la nueva situación.

Si solucionan estos tres problemas, todo lo demás será cuestión de ajustar el modelo elegido.

El problema que primero resuelven es el de la vivienda. Manuel tiene un apartamento de su propiedad muy cerca del domicilio familiar y decide irse a vivir allí. Julia se queda en el domicilio familiar cuya hipoteca seguirán pagando los dos a medias (y, por consiguiente, cuya propiedad compartirán). El problema que más se les resiste es la duración de la estancia de Pablo con cada uno de ellos. Los dos quieren tener la misma presencia en la vida de su hijo y quieren compartir al cincuenta por cien la custodia pero necesitan organizarse de manera flexible porque no pueden alterar fácilmente sus horarios de trabajo. Julia trabaja en una gestoría todas las mañanas y algunas tardes. Manuel es actor en una compañía de teatro y el horario de sus ensayos y sus actuaciones es muy variable. No solo trabaja entre semana sino que también tiene actuaciones en fines de semana y, a veces, va de gira.

Con un horario tan impredecible, Julia y Manuel pronto se dan cuenta de que el modelo de custodia que elijan debe ser muy flexible y de que los dos tienen que estar muy abiertos a posibles cambios y variaciones porque las incompatibilidades con el trabajo de Manuel van a suceder constantemente. Para intentar amortiguar ese efecto y no marear mucho a su hijo, los dos deciden que es mejor que los periodos con cada uno de ellos sean largos. Cuanto más sencillo sea el modelo, mejor, porque las diferentes anomalías ya lo irán complicando. También valoran que los dos quieren tener la misma presencia en todas las actividades de Pablo. Es decir, que si, por ejemplo, él va a la piscina los martes, los dos quieren llevarle y recogerle alguna vez. Tanto Julia como Manuel quieren pasar con su hijo en alguno de los turnos un lunes, un martes, un miércoles, un jueves, un viernes, un sábado y un domingo.

Después de darle muchas vueltas y dudar mucho, Julia y Manuel deciden que Pablo pasará una semana con cada uno de ellos. Ese es el marco base sobre el que se irán inscribiendo las diferentes variaciones. En principio reúne casi todas las prioridades que los dos se habían planteado. La mayor pega que le encuentran es que pasan siete días seguidos sin ver a su hijo. Para intentar compensar un poco ese desequilibrio deciden que las tardes de los miércoles Pablo las pasará con el que no esté viviendo con él esa semana. Por ejemplo, si Pablo está esa semana con Julia, pasará la tarde del miércoles con

Manuel que lo recogerá del colegio, merendará con él y lo llevará a clase de inglés; y luego Julia lo recogerá a la salida de la clase y se irá con él a casa.

Este sería el esquema típico de custodia de esta familia pero, como hemos dicho antes, tiene que adaptarse al horario de trabajo de Manuel y en menor medida al de Julia. Manuel tiene un *planning* trimestral y, cada tres meses, los dos se sientan a ver cómo solucionar las incompatibilidades. Hasta ahora —y ya hace casi seis años de la separación— siempre han conseguido solucionarlas.

Por regla general, cada vez que Manuel o Julia cuando no están con su hijo desean verle o incluso hacer alguna actividad con él como comprar ropa o ir al teatro el otro no suele poner ninguna objeción. Aunque, en la práctica, esto no suele suceder. Es más una puerta abierta que dejan. Tanto Manuel como Julia intentan pedir el menor número de variaciones al otro, ya que solo con las debidas al trabajo ya tienen que hacer bastantes cambios.

La tercera cuestión que deben resolver es la cuestión de las responsabilidades económicas. Al estar Pablo el mismo número de cada días con cada uno de ellos, deciden que cada uno pagará los costes derivados de la estancia en su casa (comida, calefacción, transporte…) y para los demás gastos (colegio, ropa, extraescolares, material…) abren una cuenta común en la que los dos pueden tanto ingresar como sacar dinero y en la que, al principio de cada mes, ingresan cada uno la misma cantidad: 250 €. Los dos tienen un sueldo parecido y en este caso no se da una desigualdad económica importante; pese a ello, acuerdan que Manuel seguirá pagando la mitad de la hipoteca, ya que él no tiene que pagar alquiler, ni necesita comprarse otra casa. Para Julia sería complicado pagar toda la hipoteca y no quieren vender la casa porque creen que es importante para Pablo.

Ha costado, pero se ha conseguido. Han resuelto las tres cuestiones que consideraban fundamentales:

vivienda, reparto de días y economía. Y ahora empieza la nueva andadura. Una nueva andadura llena de descubrimientos.

Manuel, por ejemplo, comenta que a él la separación le ha acercado mucho a su hijo y le ha ayudado a tener una relación más estrecha con él. Al tener que ocuparse de él durante una semana entera, ha aprendido a conocer sus necesidades, sus ritmos, y su complicidad ha crecido mucho. Manuel comenta que la semana que está con él la empieza siempre con muchas ganas, poco a poco la energía se le va acabando y le entran ganas de estar solo y cuando Pablo se va con Julia, él se queda feliz solo en su piso y disfruta mucho de su situación, pero que poco a poco empieza a echarle de menos y a tener ganas de que él vuelva. Ese es su ciclo cotidiano, un ciclo de dos semanas. Un ciclo que, en palabras de Manuel, le ha hecho encontrar un equilibrio que le hace sentirse pleno con y sin Pablo.

Como vemos, muchos factores pueden mezclarse a la hora de determinar un acuerdo y no siempre se llega a una solución que alguien desde fuera podría valorar como la más equitativa o la más justa.

Porque, ¿es el consenso entre Julia y Manuel el más justo posible?

Podría parecer que Julia cede mucho y que, si Manuel tiene una vida laboral tan complicada, debería renunciar a compartir la custodia y simplemente ver menos a su hijo o contratar a una canguro. Pero tampoco está muy claro por qué debe pagar Manuel la mitad de la hipoteca de la casa en la que vive Julia. ¿No sería más justo dividir los muebles y los objetos entre las dos casas? Un lugar común cuando se habla de separaciones es hablar de justicia: «Quiero que se haga justicia», «Tengo derecho a...», «El juez tiene que ser justo...».

Pero, ¿qué es ser justo?

Podríamos encontrar mil desequilibrios en este caso. Si habláramos en nombre de la justicia podríamos encontrar mil «peros», pero el proceso de esta familia no ha consistido en buscar el acuerdo más justo, sino el que los hiciera más felices, el que fuese capaz de incorporar mejor las peculiaridades de sus vidas. El trabajo de Manuel es el que es y Julia, incluso en una situación de separación, tiene claro que lo mejor para los tres es que Pablo vea el mayor tiempo posible a su padre. Si gracias al diálogo y la planificación se consigue que eso se produzca, ella está dispuesta a sentarse con él y discutir.

No se trata de ser justo ni de ganar o perder, sino de ser pragmáticos y tener claro que todo el mundo, por encima del dolor y el resentimiento, quiere el bien común. Porque el dolor y el resentimiento existen y no desaparecen así como así. Aunque contado aquí parezca todo demasiado bonito, hay que subrayar que la relación entre ellos era muy tensa en el momento de la separación y también durante los primeros años. La decisión de separarse había sido unilateral y había acarreado mucho dolor. De hecho, Manuel propuso que todo el proceso legal lo hiciera un abogado amigo común de los dos y ella no quiso. Quiso que la abogada que se encargase fuera una que él no conocía porque no se fiaba de que el abogado que los dos conocían defendiera bien sus derechos. Valga esta anécdota para mostrar que entre los dos existía una verdadera tensión y que las negociaciones no fueron un camino de rosas. No lo fueron, pero llegaron a buen puerto, que es lo que cuenta.

Y la flexibilidad que tienen que tener —especialmente Julia— se debe sobre todo a que los dos creen que es mejor que Pablo esté con uno de ellos que con una canguro (veremos que otras familias que colaboran en el libro han preferido la opción canguro a hacer muchos cambios. Nosotros no queremos posicionarnos. Pensamos que lo mejor es que cada familia encuentre su solución). Además, esa flexibilidad no está exenta de tensiones. A veces Julia está encantada de quedarse con Pablo aunque no le toque y en muchas ocasiones ha aprovechado esa oportunidad para pasar más tiempo con él, pero hay veces que le viene muy mal y le pone muchos peros a Manuel, que cada vez ve más cercano el día en que recurrirá a una canguro. Como veremos en todos los casos, nada es nunca definitivo en estos pactos.

Manuel y Julia tienen hoy en día a pesar de sus desencuentros una relación cordial, y quedan de vez en cuando con Pablo para ir al teatro o al circo o a comer. También quedan los dos periódicamente sin Pablo para hablar de todo lo relacionado con él. Aunque, eso sí, el tema de conversación es siempre Pablo y no intentan mantener otras ataduras personales o seguirse la pista el uno al otro.

Si todo ese dolor y esa tensión no consiguieron contaminar todo el proceso, es porque los dos temían hacer más daño del necesario a Pablo y dejarle desorientado, perdido, sin nada sólido a lo que agarrarse. Pero Manuel nos cuenta que esos temores van desapareciendo. Pablo ahora tiene una realidad diferente de la que tenía antes de la separación de sus padres, tiene dos casas diferentes y va de una a otra y eso tiene sus ventajas y sus inconvenientes, pero él tiene claro cuál es su realidad.

Familia Azul: Semanas alternas con flexibilidad

Edad actual del hijo: 11 años
Edad en la separación: 5 años

L	M	X	J	V	S	D
Ella	Ella	Ella	Ella	Ella	Ella	Ella
Él	Él	Él	Él	Él	Él	Él
Ella	Ella	Ella	Ella	Ella	Ella	Ella
Él	Él	Él	Él	Él	Él	Él

Ella+Él: Hipoteca a medias

Ella: Se queda en la que vivían (que siguen pagando ambos)

Él: Propiedad de Él

Ella: Pone 250€ en cuenta común

Él: Pone 250€ en cuenta común

Familia Naranja: ¿Y si partimos la semana en 3?

Muy cerca de la familia Azul y casi al mismo tiempo, Vicente y Paloma empiezan su proceso de separación. Ellos tienen un hijo, Ximo, de siete años, y como en el caso anterior, el padre y la madre tienen una presencia similar en su vida. Los dos trabajan y disponen de tiempo para estar con él, y cuando toman la decisión de separarse, dejan claro su voluntad de seguir lo más cerca de él.

A pesar de estas similitudes con el caso anterior, cada familia es un mundo, cada proceso de separación es único y el desarrollo de la separación entre Vicente y Paloma es muy diferente del de Julia y Manuel. Vicente y Paloma deciden ir mucho más despacio. No tienen urgencia. La situación no es insostenible en casa. Nadie tiene que salir huyendo, nadie tiene que defenderse del otro: simplemente ellos han decidido romper su relación de pareja.

Para empezar, la primera decisión que toman es no hacer pública su separación hasta que pasen las navidades. Las navidades, por su carácter social y familiar, llenas de reuniones y encuentros inevitables con probables juicios, comentarios, opiniones, no les parecen el mejor momento para empezar un proceso íntimo y delicado. Y más en su caso ya que, debido a que los padres de Paloma viven en Francia, es en esas fechas cuando los tres viajan hasta allí para pasar dos semanas con ellos. Esas dos semanas han sido desde el principio un hito importante para todos y principalmente para Ximo, que puede disfrutar largo y tendido de sus abuelos. Así que no será hasta después de reyes cuando hablen con su hijo y, de hecho, no será hasta julio, con el principio del verano, cuando los tres dejen de vivir juntos.

Siete meses conviviendo después de haber tomado la decisión de separarse parece desde fuera mucho tiempo. Desde dentro las cosas se ven de otra forma: es el tiempo que necesitan para construir su separación de la manera más sólida posible y para asegurarse de que la alternativa que le ofrecen ahora a su hijo, la nueva vida que va a empezar, es la mejor que pueden ofrecerle.

¿Qué sucede en esos siete meses?

Suceden muchas cosas. Sobre todo conversaciones, conversaciones y discusiones sobre los pasos a seguir, sobre las decisiones a tomar, decisiones que no se pueden deslindar de la manera en la que esta familia vive antes de separarse y que es importante conocer para entender su proceso.

Vicente, Paloma y Ximo viven en una casa propiedad de los padres de Paloma. Vicente es jardinero y Paloma es diseñadora gráfica, ambos autónomos. Ninguno de los dos tiene un horario fijo y los dos se distribuyen de forma parecida, tanto las labores de la casa, como la responsabilidad económica y el cuidado de Ximo. Es importante señalar este punto: antes de la separación padre y madre tienen una presencia similar en la vida de su hijo y eso es algo que no quieren perder. Ninguno de los dos quiere desaparecer ni delegar sus responsabilidades. Los dos quieren estar cerca de él.

Otro parámetro importante a tener en cuenta es que los dos están de acuerdo en que quieren que Ximo continúe estudiando en el mismo colegio. El colegio les parece un pilar muy importante en su vida y lo quieren preservar. Es un colegio público situado muy cerca de la casa donde vivían.

Para elegir un reparto de tiempo sopesan los siguientes argumentos:

· Alternar los fines de semana porque son los mejores momentos de ocio (son los únicos días que el hijo no va a la escuela).

· Buscar un modelo que sea lo más sencillo posible.

· Intentar que los días de entresemana sean fijos para poder hacer planes semanales.

· Intentar minimizar los cambios de Ximo.

Teniendo en cuenta todos esos factores deciden que Ximo pasará el lunes y el martes con Vicente y el miércoles y el jueves con Paloma y que los fines de semana (de viernes tarde a lunes mañana) serán alternos: uno con Vicente y otro con Paloma.

Las mayores ventajas de esta solución son que el tiempo se equilibra entre padre y madre sin que el hijo tenga que hacer muchos viajes, y que la semana se estructura de manera muy clara. Paloma sabe que el miércoles y el jueves recoge a Ximo del colegio y pasa la tarde con él y que las tardes del lunes y el martes las tiene libres y puede utilizarlas para su trabajo o para diferentes actividades que necesite hacer sola. Otra ventaja de esta solución es que les permite hacer el intercambio en el colegio. Vicente o Paloma lo llevan al colegio y es el otro el que lo recoge. De esta manera se minimizan los momentos de encuentro directo entre ellos, lo cual, sobre todo en el inicio de la separación, ayuda mucho a disminuir la tensión.

Es interesante ver cómo, a pesar de ciertos aspectos en común, la familia Naranja y la familia Azul deciden dos modelos diferentes. Para Vicente y Paloma es importante repartirse los días de la semana. Para Julia y Manuel, por el contrario, era importante que no hubiera ningún día en el que una semana de cada dos no estuvieran con él. Una vez más y en lo que será una constante en las historias de este libro, veremos que no hay una verdad absoluta, ni una ley matemática o un modelo perfecto de convenio, sino que factores muy subjetivos pueden ser a veces determinantes. De ahí la necesidad de que cada familia viva su proceso y sea capaz de analizar bien sus necesidades y su disponibilidad.

Y al igual que no hay modelos perfectos para el reparto de los días, tampoco los hay para el tema económico. Vicente y Paloma, a diferencia de Julia y Manuel, no abren una cuenta común para pagar gastos como la ropa, el oculista (Ximo lleva gafas), el material escolar… Prefieren ir pagando cada uno ese tipo de gastos y solo cuando hay uno especialmente alto o ven que la cosa se está desequilibrando mucho, quedan para ver cómo solucionarlo. Y en los casi seis años que llevan separados han pasado por diferentes fases. Ha habido épocas en las que era Vicente el que pagaba casi todo, épocas en las que estaba repartido y últimamente es Paloma la que, al tener una situación más desahogada, asume la mayor parte de los gastos. Actualmente ella compra casi toda la ropa y paga las dos actividades extraescolares (taekwondo e inglés) que está haciendo Ximo.

¿Y cómo solucionan Vicente y Paloma el asunto de la vivienda? Aquí llegan rápidamente a un acuerdo: Paloma se queda en el domicilio en común y es Vicente el que se va. Por un lado la casa es de los padres de Paloma, y por otro, Vicente lleva años queriendo vivir fuera de la ciudad. Como nos cuenta él:

> *Desde el momento en que decidimos separarnos empezó a rondarme a mí la idea de volver al campo. Yo nací en un pueblo pequeño y es donde más a gusto estoy. Así que, como dice el refrán, pensé: no hay mal que por bien no venga. Además para mí era importante que Ximo también conociese esa vida. Así que nada, ahora Ximo tiene una casa en la ciudad y otra en el campo. Eso sí, los días que Ximo está conmigo en vez de ir caminando al cole nos pasamos media hora metidos en el coche.*

Y como en cualquier proceso, surgen imprevistos. Vicente descubre pronto la importancia que para su hijo tienen ciertos objetos, ciertas rutinas. A primera vista podría parecer que no son tan vitales como la gente que nos rodea o la casa en la que vivimos, pero la vida cotidiana tiene sus ritos y niños y adultos muchas veces nos aferramos a ellos. Cuando Vicente entra en la casa que deberá convertir en un hogar para él y para su hijo, se encuentra con una casa totalmente vacía. Poco a poco, mes a mes, va llenándola con todo lo necesario para llevar una vida confortable. Cosas que hasta entonces le habían parecido superfluas o a las que no había prestado mucha atención, se vuelven vitales. Ximo está acostumbrado a desayunar viendo *Disney Channel*. En la nueva casa no tienen TDT y hasta que compra uno él no desayuna a gusto. También está acostumbrado a jugar un rato a la Wii cuando vuelve del colegio y Vicente tampoco tiene Wii... No es fácil construir un hogar. Vicente al hacerlo se da cuenta de todas las pequeñas cosas que se le habían pasado por alto y que casi sin darse cuenta delegaba en Paloma.

Ximo, al igual que le pasaba a Pablo, ahora tiene una realidad diferente de la que tenía antes de la separación de sus padres, tiene dos casas diferentes y va de una a otra y, al igual que Pablo, se adapta a su nueva realidad.

Veamos una anécdota muy ilustrativa que ocurre con el tema de la ropa. Ximo tiene ropa en las dos casas, ropa que van comprando tanto Vicente como Paloma independientemente, pero que Ximo se lleva de una casa a otra si quiere. Últimamente a Ximo le gusta vestirse con camisetas de sus superhéroes favoritos y como ni Paloma ni Vicente son de comprar mucha ropa, Ximo se va llevando esas camisetas que tanto le gustan ahora de una casa a la otra. Se las lleva aunque estén sucias y antes de irse de una de las dos casas rebusca bien para no olvidarse ninguna de sus prendas fetiche. Veremos que normalmente con la edad esto se da más, y que llega una edad en que los hijos tienen muy claras cuales son sus cosas y no dudan en llevárselas allá donde vayan.

Las necesidades de padres, madres e hijos varían con el tiempo, así como aspectos incontrolables como la búsqueda del trabajo o el horario, el crecimiento de los hijos, las enfermedades, e incluso la constitución de nuevas familias. Para llegar a un consenso hay que estar muy atentos a la realidad y no creer que los acuerdos son intocables para siempre o que solo hay una o dos maneras de hacer las cosas, porque la vida se encargará de enfrentarnos una y otra vez a nuevas realidades.

Y de eso se trata, de enfrentarnos a esas nuevas realidades de la mejor forma posible. Como nos dice Vicente:

> *Aunque me preocupa que aspectos de nuestra separación y de la manera en que llevamos la custodia le pudieran influir negativamente, en general tengo la certeza de que va madurando positivamente y es más feliz que antes.*

Familia Naranja: ¿Y si partimos la semana en 3?

Edad actual del hijo: 13 años
Edad en la separación: 7 años

L	M	X	J	V	S	D
Él	Él	Ella	Ella	Él	Él	Él
Él	Él	Ella	Ella	Ella	Ella	Ella
Él	Él	Ella	Ella	Él	Él	Él
Él	Él	Ella	Ella	Ella	Ella	Ella

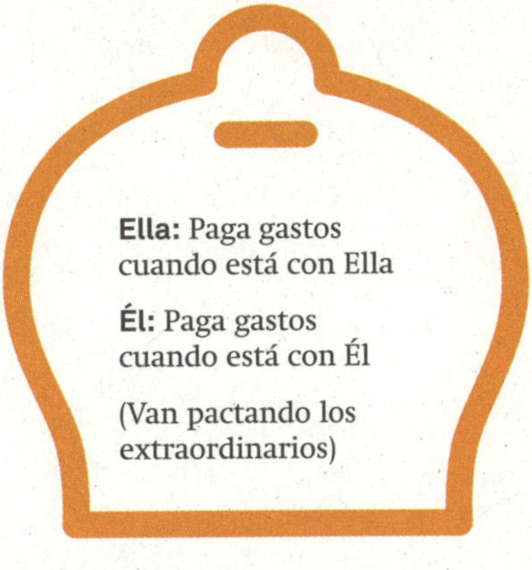

Familia Violeta: Dos tardes y findes con papá

Por lo visto en las dos familias anteriores, podría parecer que la custodia consensuada siempre es una custodia compartida y eso no es cierto. Una vez más y como iremos viendo en el libro, no hay reglas generales y es casi imposible hacer una generalización sin arriesgarse a equivocarse. Esta familia es un buen ejemplo de ello.

Rafa y Lidia son padres de Nora, una niña de dos años, y viven en una casa que se han comprado hace poco en un pueblo cercano a la ciudad. Rafa es comercial de una empresa de distribución de productos de limpieza, y Lidia es licenciada en empresariales, pero dejó de trabajar cuando Nora nació. Desde ese día ha sido ella la principal responsable de la crianza de la niña, dejando aparcada su carrera profesional.

El día que Rafa y Lidia deciden separarse empieza un proceso largo, una transición compleja que durará años hasta estabilizarse... Para empezar, necesitan vender su casa. Necesitan el dinero de esa venta para poder separarse en buenas condiciones económicas. Ninguno tiene ganas, ni dinero para quedarse con la casa, así que deciden esperar una buena oferta. Todavía estamos en el año 2003 y nadie puede ni siquiera imaginar cómo cambiarán las cosas a partir de 2008. A pesar de la buena salud del mercado inmobiliario en esas fechas, Rafa y Lidia tardan un año y medio en vender su casa. Durante ese tiempo conviven en ella, cada uno durmiendo en una habitación diferente, pero compartiendo cocina, baño, salón... Son momentos complicados. Sin duda los dos hubieran preferido poder irse a otra casa y empezar allí su nueva vida, pero son pacientes; para ellos es preferible aguantar así a malvender la casa y perder un dinero que les permitirá vivir mejor la separación.

Cuando por fin la casa se vende, ellos consiguen el dinero que necesitaban y la separación de hogares se hace efectiva. Cada uno se va a su nueva casa. Rafa, a una que compra con su parte del dinero y Lidia a una de alquiler, ya que quiere utilizar su parte de la venta para vivir sin trabajar y poder así ocuparse de Nora unos años. Dos soluciones diferentes para dos opciones vitales distintas. Como se puede intuir, en este caso es la madre la que vivirá la mayor parte del tiempo con su hija.

En efecto, Rafa y Lidia deciden seguir con las mismas funciones que desempeñaban antes de su separación. Por un lado, Nora es pequeña y está muy apegada a su madre y por otro no hay una voluntad ni por parte de Rafa de cobrar un mayor protagonismo en la crianza de su hija, ni por parte de Lidia de desahogarse de ella. Lidia no tiene prisa por volver a su vida laboral. Para ella Nora es pequeña y sigue necesitándola a su lado. La niña no va al colegio todavía y pasan mucho tiempo las dos juntas. En casos posteriores, veremos que, a pesar de la corta edad de los niños y de las funciones desempeñadas en la familia antes de la separación, algunos padres aprovechan el cambio de coyuntura para adquirir mayor presencia y responsabilidad en la crianza de sus hijos. Este no es el caso. Aquí se opta por continuar con la situación. Rafa y Lidia no se plantean una custodia compartida. Nora vivirá con su madre y pasará con su padre ciertos periodos que han de acordar. En concreto, un fin de semana alterno y dos tardes, pero ese reparto de días tardará unos años en hacerse efectivo.

Aparentemente, esta distribución de días es una de las más usuales en separaciones cuando se opta por una custodia monoparental y los hijos son mayores de tres años. Rafa y Lidia no están casados, no firman ningún papel. Cuando se separan, lo hacen todo de palabra y los dos cumplen siempre su parte del trato. ¿Qué valor especial tiene aquí el hecho de que la custodia sea consensuada?

¿Por qué es aquí tan importante?

¿Lo es?

Lo es, sí, lo es, y lo es sobre todo porque Rafa y Lidia no solo van a consensuar el acuerdo final al que quieren llegar, sino los pequeños pasos que van a tener que dar hasta llegar a él. Cuando su padre y su madre se separan, Nora tiene solo dos años y no quiere dormir lejos de su madre. En ese momento ni se plantean que ella duerma en casa de Rafa. Con el tiempo, poco a poco, lo van intentando y no siempre sale bien. Hasta casi los cinco años es frecuente que, cuando Nora se va el fin de semana con su padre, llame para decir que quiere volver a casa de su madre. Ni Rafa ni Lidia le fuerzan. Le dejan libertad para volver si lo desea. El hecho de que hayan consensuado la custodia y que los dos vayan en la misma dirección, hace que el proceso pueda seguir un ritmo natural. Ni Rafa reclama las noches que Nora no duerme con él y que le «tocarían», ni Lidia se desentiende un fin de semana sí y otro no. Es todo mucho más orgánico, porque los procesos de los niños no son nunca lineales, siempre hay adelantos, retrocesos. Como se suele decir: un pasito para atrás, dos pasitos para adelante…

Si la custodia no se consensúa y el padre y la madre tienen que atenerse a lo escrito en el acuerdo, siempre es más difícil aceptar los cambios y las variaciones por eso mismo: porque se supone que las variaciones han de ser excepcionales. En el caso de que esté consensuado el proceso no hay una regla general y excepciones, sino que todo forma parte de un todo. Cuando no hay consenso, el desarrollo es mucho más rígido. Lo normal en un caso así podría ser, por ejemplo, que si el niño es menor de tres años no duerma nunca con su padre y que a partir de tres, de golpe, tenga que ir fin de semana sí, fin de semana no. ¿Y si un fin de semana está más flojo? ¿Y otro más animado? ¿Y no es mejor que duerma un día a que no duerma ninguno?

Difícil sacar una regla general. Ni psicólogos, ni abogados, ni nadie sabe realmente qué es lo mejor para todo el mundo. Solo cada familia puede intentar estar atenta a lo que tiene delante. Lidia y Rafa van viendo el ritmo que puede llevar bien su hija, pero, ojo, eso no quiere decir que sea ella siempre la que decide. Ellos le ponen claro el marco. «Lo normal» es que ella pase un fin de semana alterno con su padre. Eso es lo que ellos quieren que pase y se lo hacen saber, pero a la vez, si ven que ella está al límite, no le obligan. Es una cuestión muy sutil y que requiere estar muy cerca de los hijos para entenderla bien.

Nora hace ya tiempo que lleva el mismo ritmo de tardes del martes y el jueves y fines de semanas alternos con su padre. Aguanta bien el fin de semana con él e incluso vacaciones más largas. Las vacaciones empiezan distribuyéndolas en semanas alternas y al principio la niña no aguanta nunca la semana entera con su padre. Hoy en día lo hacen por quincenas y Nora aguanta bien los quince días con su padre.

Aparentemente, ya no extraña tanto a su madre, pero tampoco ha reclamado estar más tiempo con él. Parece que está a gusto con el ritmo que lleva. Ahora tiene diez años, y poco a poco ha ido haciendo de la casa de su padre un segundo hogar: tiene allí una habitación, ropa, juegos, un ordenador…

Dos casas con dos reglas a veces parecidas, a veces diferentes. Como Lidia nos cuenta:

> *Nora sabe perfectamente en qué sitio está, sabe qué cosas tiene en cada casa y qué cosas puede hacer y qué cosas no. Por ejemplo ahora le ha dado por jugar con una pistola que está de moda, una pistola que lanza unos dardos. En mi casa yo no quiero pistolas de esas, así que ella sabe que no puede traerla aquí.*

Que en el caso de la custodia monoparental se pase mucho más tiempo en una casa que en la otra no quiere decir que no sea importante lo que ocurre en la casa en la que los hijos pasan menos tiempo. En general, en esa casa los niños también tienen su habitación y sus cosas, así como sus reglas y costumbres, y pueden ser tan importantes para ellos como las de la casa en la que viven más tiempo. Hay familias que intentan consensuar más las reglas en cada casa y otras que no. Veremos que para algunas eso es un problema importante y una fuente de conflicto, y otras simplemente lo asumen aunque sea a disgusto. En este caso Lidia opta por no dejar que Nora juegue con esas pistolas en casa. Le deja jugar con pistolas de agua y otras que lanzan unas gomitas inofensivas, pero no con esas que no le gustan. Nora sabe que en general a Lidia no le gustan las pistolas y por eso en Navidad nunca pide que le regale nada parecido. Como dice su madre, ella es lista y sabe muy bien dónde está.

Otras familias optarían por intentar un consenso sobre pistolas sí o pistolas no. Como siempre, es difícil saber qué es mejor. Nosotros lo único que vamos constatando, familia a familia, es cómo cada una resuelve estos problemas a su manera.

Pero volvamos a esta familia y a la venta de la casa en la que vivían los tres juntos. A Lidia el dinero de la venta le dura unos cuatro años desde que cambia de casa, pasados los cuales tiene que ponerse a trabajar. Ya no es un problema para ella. Su hija tiene seis años, va a la escuela y puede organizarse bien. Rafa le pasa una pensión de 300 euros al mes en concepto de manutención y la mayoría de los gastos los pagan a medias. Si son grandes, los hablan o uno los paga directamente y le pide luego la mitad al otro. Si son pequeños, los hacen cada uno independientemente. A nivel económico no han tenido problemas de importancia, y cuando uno de los dos ha tenido dificultad para pagar su parte de algún gasto, como el colegio, el otro se lo ha pagado. Como Lidia nos cuenta, ha sido casi siempre Rafa el que ha asumido los gastos que ella no podía afrontar y ella en cuanto ha podido ha pagado su parte.

Si nos fijamos, la pensión no ha cambiado a pesar de que durante unos años Lidia no trabajase y es independiente tanto de los ingresos de uno como del otro, así como de la edad de Nora. Se ha fijado como un gasto mensual constante debido al «coste» de tener a la hija más días en casa. Como veremos en otros casos, no siempre es así. Lo importante, una vez más, es que han encontrado su consenso, sus soluciones a todas las cuestiones relativas a su hija.

Rafa y Lidia se tienen que ver todavía hoy en día, ocho años después de su separación, para seguir discutiendo cuestiones relativas a Nora. A veces cuando él va a casa de ellas a por la niña o a llevarla de vuelta, a veces los dos solos para hablar de temas más delicados. Ocho años después de la separación, han pasado muchísimas cosas en su vida, pero siguen teniendo que estar presentes el uno en la vida del otro solo por Nora. Nora es su único vínculo hoy en día.

Un vínculo singular y cotidiano.

Familia Violeta: Dos tardes y findes con papá

Edad actual de la hija: 10 años
Edad en la separación: 2 años

L	M	X	J	V	S	D
Ella	Ella / Él	Ella	Ella / Él	Ella / Él	Él	Él / Ella
Ella	Ella / Él	Ella	Ella / Él	Ella	Ella	Ella
Ella	Ella / Él	Ella	Ella / Él	Ella / Él	Él	Él / Ella
Ella	Ella / Él	Ella	Ella / Él	Ella	Ella	Ella

Ella+Él: Propiedad a medias (que venden)

Ella: Se va de alquiler

Él: Nueva propiedad

Ella: Paga gastos cuando está con Ella y el 50% del cole

Él: Paga el 50% del cole + 300€ de pensión (está menos tiempo)

Familia Rosa: Papá y mamá son diferentes

A veces es difícil saber qué consenso elegir porque dos argumentos importantes parecen oponerse de manera casi irresoluble. Cuando Jaime y María deciden separarse, tienen una hija de tres años, Ana, y otra de un año, Sole. Lo que les preocupa es que, aunque están dispuestos a hacer lo mejor para ellas, no saben qué es lo mejor. Les parece que no tienen información suficiente, así que deciden hablar con una profesional, con una psicopedagoga, y ella les dice que lo mejor es que hagan turnos iguales de un mes y que sus hijas estén siempre en la misma casa y que sean ellos, el padre y la madre, quienes cambien cada mes de casa.

Esta solución le parece a la madre imposible de realizar y menos con una hija de un año. Ella, así de simple, no puede estar un mes sin sus hijas. Aunque este sea el consejo de un profesional, sí que es verdad que en estos temas no hay una respuesta unánime por parte de los profesionales ya sean psicólogos, pedagogos... Aquí se mezclan dos factores importantes. Por una parte, la edad del niño y su vínculo con la madre. Algunos profesionales dicen que el vínculo de los niños con la madre hasta los tres años es muy importante y que no debería separarse al niño de la madre hasta pasar esa edad. Por otra parte, hay profesionales que dicen que es mejor que los hijos estén el mayor tiempo posible sin cambiar de casa para no desestabilizarse. Hasta hay algunos que dicen que es mejor que vivan siempre en la misma casa.

El problema es que la cuestión es tan compleja que ningún profesional puede derivar ninguna solución general. Lo particular manda. No hay ninguna regla válida para todas las edades de los hijos, las situaciones emocionales de los padres, las ganas de estar con los hijos y de participar en su crianza, los horarios de trabajo, la distancia entre las casas, el poder adquisitivo, las nuevas parejas tanto del padre como de la madre...

Como estamos viendo en este libro y como seguiremos viendo, todas esas variantes hacen que cada familia deba analizar su situación y encontrar su camino personal Eso no quiere decir que nosotros nos opongamos a la ayuda de terapeutas y profesionales. Lo que sostenemos es que esas personas solo pueden acompañarnos en el proceso y ayudarnos, no resolverlo por nosotros. Ayudarnos igual que lo pueden hacer algunos libros (esperamos que este sea uno de ellos) o tomarnos un café con alguien que ya haya pasado por esta situación.

Jaime y María, una vez recogida la información que gravita a su alrededor, deberán analizarla, analizarse y buscar el consenso. Para Jaime es vital compartir la custodia de sus hijas al cincuenta por cien, a pesar de que sean muy pequeñas. El cree que su presencia es tan importante como la de María y no quiere que la separación aleje a Sole y a Ana de él. No quiere tener un lugar menor en la vida de sus hijas. María, por otra parte, tiene un vínculo muy estrecho con sus hijas y no «puede» alejarse de ellas, ni tiene claro que eso sea bueno. Lo que desechan rápidamente por razones logísticas es la posibilidad de que las hijas vivan siempre en la misma casa y ser ellos los que cambien. Los dos necesitan sus espacios separados en los que construir sus nuevas vidas y no pueden compartir una casa, aunque no coincidan a la vez en ella.

El consenso al que llegan, después de mucho deliberar, es dividirse la custodia por semanas. Cada semana las hijas estarán con uno de ellos. Es el tiempo máximo que María acepta estar sin vivir con sus hijas y a los dos les parece una duración suficientemente larga como para minimizar el impacto de los cambios de casa.

Pese a haber alcanzado el consenso, tienen una duda importante y es que no saben si el consenso va a ser aceptado por un juez. Jaime y María están casados y deciden utilizar un abogado común para redactar el acuerdo de custodia. Ese acuerdo —como varios de los casos que analizamos en este libro (esta problemática legal será estudiada más exhaustivamente en un capítulo posterior del libro)— debe ser ratificado por un juez. Cabe la posibilidad de que, al ser Sole menor de tres años, el juez les niegue la custodia compartida y se la dé a la madre. El juez, sin embargo, valora positivamente que ellos hayan llegado a un acuerdo y, en vez de poner pegas o rechazarlo, lo ratifica.

Jaime y María tienen vía verde legal (que es algo muy importante para ellos, pero secundario para otras familias que no firman ningún acuerdo) y empiezan a poner en marcha su plan de separación.

Para empezar, y en su intento de no desestabilizar mucho a las niñas, los dos deciden que seguirán en el mismo colegio y que tanto el padre como la madre vivirán en el mismo pueblo en el que viven, que además es el pueblo donde está el colegio. De esta manera minimizan los viajes que hacen las niñas y se aseguran estar cerca. Lo bueno de estar cerca es que eso permite que al que no le toque estar con las niñas, ya sea el padre o la madre, pueda verlas si lo desea o ellas lo necesitan. La mala es que, una vez pasado el momento de la separación, cuando se ha superado el escollo inicial de cómo separarse y tanto Jaime como María empiezan a plantearse cómo, dónde y con quién van a vivir su nueva vida, se sienten un poco atados a su vida pasada. Como hemos dicho varias veces, ninguna solución es perfecta. Y debido a la crisis inmobiliaria, varias de las familias cuyos testimonios recogemos en este libro han tenido que seguir conservando el domicilio familiar, a pesar de querer desprenderse de él. Esto le sucede también a esta familia, cuya intención era vender el domicilio familiar que tenían en propiedad los dos. Al final, Jaime le compra su parte a María y ella se va a un piso de alquiler.

Los dos viven muy cerca y, sobre todo al inicio de la separación, los encuentros son muy numerosos, así como las conversaciones telefónicas. Numerosos aspectos de la vida cotidiana, sobre todo de la hija pequeña: resfriados, medicinas, comida, etc., hacen que los dos tengan que mantener un contacto mayor que el que desearían. Siempre con la idea de dar mayor estabilidad a los niños, deciden tener la misma canguro. Una canguro común que va a las dos casas (una semana a una y otra a la otra), ya que ellos trabajan muchas horas: Jaime en un centro tecnológico y María en una empresa informática.

A la canguro le paga cada uno en función del uso que haga de ella. Para todo lo demás tienen una cuenta común en la que los dos ingresan 400 euros a principio de mes. A priori esto debería parecer justo: los dos trabajan, los dos ponen la misma cantidad de dinero, pero en este caso hay un factor más que altera el reparto económico. Jaime tiene una posición económica más favorable que María. Según María, eso se debe a que ella se concentró más en la crianza de las niñas, así que deciden que él le pasará a ella durante cinco años una cantidad adicional de 600 euros en concepto de diferencia de salarios. En caso de que ella promocione o mejore económicamente, dejará de recibir ese dinero. La idea es que las niñas gocen del mismo nivel de vida en las dos casas, un nivel de vida lo más parecido posible al que gozaban antes de la separación.

Que se llegue a un nivel de vida parecido, no quiere decir que se viva de la misma manera. A veces, se asimila nivel de vida económico con tipo de ropa, tipo de casa, tipo de juguetes, y nada más lejos de la realidad. Cada familia es un mundo. En esta familia, por ejemplo, un aspecto que nos llamó la atención es el de la ropa. Jaime y María tienen ideas diferentes sobre cómo vestirlas y no han logrado conciliarlas. Jaime les compra a las niñas la ropa que llevan cuando están con él y María la que llevan cuando están con ella. Jaime las viste con ropa deportiva del Decathlon y María con faldas, medias y ropa más «elegante». Como en este punto los dos no quieren consensuar su postura, cuando las niñas van de casa de uno a casa del otro se quitan la muda que llevaban puesta, se ponen la ropa que corresponde a la casa en la que están, y es la canguro la que devuelve la ropa sucia a la casa original.

Una vez más vemos como cada consenso tiene sus particularidades, su «historia», que a veces es intransferible y otras se repite en los diferentes casos, aunque casi siempre sea imposible generalizar o extrapolar nada. Jaime y María no solo discrepan de la manera en que tienen que vestirse las niñas. Según nos cuentan, una de las razones que les llevaron a la separación era la visión diferente que tenían sobre cómo educarlas. Esto hizo que cuando la separación fue efectiva cada uno se lanzó a hacer lo que creía que era mejor sin consensuar nada. Como nos explica Jaime:

> *En cuanto nos separamos, ambos decidimos tácitamente hacer las cosas «a nuestra manera». Creíamos que cada uno en su semana podía educar y cuidar de las niñas como quisiera. Siempre intentamos no criticar al otro para no desautorizarle delante de las niñas, pero no teníamos ningún reparo en hacer lo contrario en comida, ocio, tipo de ropa y abrigo, saludo, TV, libros, amigos, viajes, etc.*

Pronto se dieron cuenta que no era una buena estrategia porque por una parte estaban desconcertando bastante a las niñas que no sabían muy bien a qué atenerse, pero por otra estaban cargando mucho el uno contra el otro y estaban cada vez más irritables. Así que decidieron ir a un psicólogo, que les aconsejó que aunque supusiera un gran esfuerzo tenían que consensuar, que las niñas necesitaban coherencia. Como sigue Jaime explicando:

Tuvimos que pactar, no sin esfuerzo y mucha discusión (civilizada y, por ello, larga) asuntos tan variopintos como el cole, las extraescolares, la TV, la comida, las relaciones con los amigos y familia, y un largo etc. Con el tiempo se ha hecho más llevadero y más laxo. Ya no lo hacemos todo igual, pero al principio pusimos mucho cuidado en seguir el consejo de la psicóloga por el bien de las niñas. Para mí fue muy duro, pero ahora estoy razonablemente contento: los dos hemos intentado acercar posturas y todo parece ir bien. A medida que las niñas se hagan mayores serán ellas las que elijan comida, ropa, ocio, etc.

¿Cómo encontrar el equilibrio entre el consenso y las opciones personales?

Pregunta compleja que ni nosotros —ni nadie— podemos responder y que solo cada persona poco a poco, probando y estando atento a su realidad puede intentar resolver.

Una cuestión que no hemos señalado en este caso es la de que las dos hermanas, independientemente de su edad, van juntas siempre. A pesar de que la movilidad, necesidades y problemáticas de una niña de un año y otra de tres puedan ser bastante diferentes, en ningún momento en la entrevista, nos hablan de que hayan valorado la posibilidad de que cada una de las hermanas lleve un ritmo diferente. Jaime y María han preferido no complicar más el proceso resolviendo cada caso individualmente (con diferentes ritmos para cada niña) y han optado por hacer un acuerdo global para las dos. Una consecuencia notable es que, al margen de en qué casa estén, las hermanas van siempre juntas y constituyen la una para la otro lo más inamovible o invariable, más aún que el padre o la madre.

Familia Rosa: Papá y mamá son diferentes

Edad actual de las hijas: 6 y 4 años
Edad en la separación: 3 y 1 años

L	M	X	J	V	S	D
Ella	Ella	Ella	Ella	Ella	Ella	Ella
Él	Él	Él	Él	Él	Él	Él
Ella	Ella	Ella	Ella	Ella	Ella	Ella
Él	Él	Él	Él	Él	Él	Él

Ella+Él: Hipoteca común (que se queda Él, comprando su parte a Ella)

Ella: Se va de alquiler

Él: Se queda en la que vivían

Ella: Pone 400€ en cuenta común

Él: Pone 400€ en cuenta común y da 600€ a Ella durante 5 años

Familia Rojo: Haciéndose a papá poco a poco

No siempre es fácil acertar con el consenso a la primera. A veces cuesta evaluar las necesidades de cada uno de los miembros de la familia y entender cuál es su realidad, sobre todo en periodos inestables. Que no se acierte a la primera con el acuerdo no quiere decir que se vaya por mal camino, quiere decir que hay que pensar más, hablar más, discutir más o, incluso, que el proceso necesita pasar por diferentes fases. El paso de un núcleo familiar unido en una casa a dos familias en casas separadas puede necesitar etapas intermedias. Este es el caso de la familia Rojo.

En cuanto Curro y Silvia deciden separarse, Curro se va de casa, primero a casa de unos amigos, luego a una casa que alquila. Silvia se queda con Ana y Vera, las mellizas de 5 años, en la casa familiar, la casa en la que llevan alquilados los cuatro desde que Ana y Vera nacieron. Silvia, Ana y Vera vivirán en esa casa un par de meses, que es el tiempo que necesitan para encontrar otra casa. La razón que les lleva a abandonar la casa es su precio. Es un alquiler que podían permitirse a duras penas cuando lo pagaban entre los dos, pero no ahora que van a necesitar cada uno una casa.

Antes de entrar de lleno en cómo distribuyen la custodia Silvia y Curro, nos gustaría señalar aquí algo significativo a nivel económico y que suele ser un factor importante en las separaciones: la pérdida de poder adquisitivo que supone en la mayoría de los casos la separación. En todos los casos tratados en este libro veremos que se pasa de una casa a dos casas, que la mayoría de los niños tienen la ropa y los juguetes —así como material de trabajo y habitación completa— duplicados, lo cual hace que las madres y los padres suelan tener que hacer un fuerte reajuste económico. A pesar de ello, en ninguno de los casos el factor económico ha sido el más importante para la determinación del consenso. Ojo, eso no quiere decir que no esté presente o que no sea el factor detonante de muchas de las discusiones (quién paga esto o aquello, si es necesario un gasto extra o no…), lo que sucede es que es como si el tema económico fuera en paralelo con todos los demás. Son compartimentos estancos. El reparto de los días y las responsabilidades económicas no son cuestiones que se cruzan. En general el padre o la madre que está más tiempo con sus hijos suele recibir algo de dinero (no siempre, como veremos) pero nunca ha pedido ninguno quedarse más tiempo con los hijos para recibir más dinero, ni ha argumentado que si quiere ver el otro más a sus hijos tendrá que pagar más o algún argumento chantajista de este tipo. Las familias aquí reunidas resuelven la custodia en función de necesidades de los niños, horarios de trabajo, distancia, voluntad de participar en la crianza… y luego resuelven el tema económico.

Hacemos esta puntualización porque la situación económica de esta familia en el momento de la separación es crítica. Curro tiene una tienda de lámparas y Silvia no trabaja. Curro tiene una jornada laboral muy larga que le obliga a salir pronto de casa y no volver hasta tarde. La situación de su empresa es crítica y Curro decide en el momento de la separación cerrar la empresa y cambiar de sector.

Los dos procesos —el de separación y el cierre de la empresa— se solapan, complicando mucho la situación de toda la familia. Afortunadamente Curro encuentra pronto trabajo. Un trabajo más flexible que el anterior y que le va a permitir estar más tiempo con sus hijas. Aun así, los dos se dan cuenta de que no pueden plantear una custodia en la que las niñas pasen los mismos días con cada uno de ellos. Eso sería demasiado brusco para ellas. No solo sus padres se separan, sino que tienen que dejar de ver muchos días a su madre, que es a la que en principio más buscan. Curro y Silvia optan por intentar que los cambios de vida sean lo menos agresivos posibles sobre el día a día de sus hijas y parten de lo que casi se podría denominar una custodia monoparental, para irla modificando poco a poco en función de las necesidades de los cuatro.

En una primera fase, las hijas viven con la madre y el padre las ve algunas tardes. A veces, incluso pasa algún día entero con ellas o las lleva o las recoge del colegio, pero ellas siempre duermen en la casa de su madre. A los tres meses o así, ven que Ana y Vera empiezan a acostumbrarse a estar más con su padre. Él también se acostumbra a estar más presente en su vida y deciden que pasarán con él, además de algunas tardes entre semana, un fin de semana alterno (de sábado por la mañana a domingo por la noche). Estas son las primeras veces que las hijas duermen en una casa en la que no está su madre y la relación con el padre empieza a crecer y a fortalecerse.

Seis meses después, Silvia se pone a trabajar con regularidad en una cafetería y su realidad laboral y la de Curro empiezan a marcar el tiempo de que disponen ambos para ocuparse de Ana y Vera. Necesitan crear una estructura en la que el tiempo esté más repartido. Deciden de mutuo acuerdo crear una estructura de dos días entre semana con Curro, con las noches incluidas, y fines de semana alternos. Para ser más precisos: martes y jueves con Curro y lunes, miércoles y viernes con Silvia.

Si nos fijamos bien en la distribución de los días, podemos observar una cosa interesante: en seis meses se pasa de una custodia casi monoparental en la que las hijas duermen todos los días con su madre a una en que los días están repartidos casi por igual. En concreto, en este acuerdo las niñas pasan cada dos semanas seis días con su padre y ocho con su madre. Todavía queda un cambio más, como veremos a continuación, pero lo que nos parece importante reseñar es que en casos como este los conceptos de monoparental y de compartida se difuminan un poco. La custodia con el tiempo va variando adaptándose a las necesidades de unos y otros, a la vida. ¿Cómo se podrían fijar todas estas variaciones en un acuerdo o en un concepto concreto?

Porque cuando parece que se ha llegado a tierra firme, el suelo vuelve a deshacerse bajo nuestros pies. Un año y medio o así después de este último acuerdo, Ana se queja de que cambia demasiado de casa y dice que quiere volver a estar más tiempo con su madre. Curro y Silvia la escuchan, hablan un poco más con ella y se dan cuenta de que a Ana le desestabiliza la sensación de vivir en dos casas a la vez sin acabar de aterrizar en ninguna de ellas y deciden quitar un cambio de casa a la semana. ¿Y qué dice Vera de todo esto? Que ella como su hermana. En palabras de Silvia:

> *La que se quejó fue Ana, Vera estaba llevándolo mucho mejor, pero aún así prefirió hacer lo mismo que se hermana. Para nosotros fue un gran descubrimiento que luego se fue confirmando: para ellas era primordial estar juntas. Siempre que hablábamos del reparto de días, las dos decían lo mismo: «¡Pero juntas, eh!» Supongo que en realidad la una para la otra es lo único fijo. Cambian de casa, de estar con mamá a estar con papá, pero ellas siguen juntas.*

Así que con el cambio, Ana y Vera pasan a dormir una noche menos con Curro aunque sigan pasando el día con él. El calendario queda de la siguiente manera:

Fines de semana alternos con Curro y, además, el fin de semana que están con él duermen el jueves siguiente, y el fin de semana que no están con él duermen el martes siguiente. El resto de los días con Silvia.

Además, Curro y Silvia pactan que si Ana y Vera demandan quedarse a dormir con su padre, aunque en principio no les toque, pueden hacerlo y su madre se lo facilita. Tres años después de la toma de este acuerdo, todavía sigue siendo válido y cada vez son más numerosas las noches que las hijas deciden dormir en casa de su padre.

A priori, desde fuera, nadie podría haber llegado a un reparto de días como este: no es equilibrado, no es regular, admite variaciones, no corresponde a ninguna decisión legal, no es una custodia monoparental, pero tampoco es una custodia compartida al cincuenta por cien, etc. Y eso es porque no se deriva de ninguna fórmula, sino del diálogo y del análisis de la realidad de todos los implicados en el proceso. Es una custodia consensuada en función de los intereses y las necesidades de los miembros de la familia: padres, madres e hijos. Intereses que muchas veces varían con el tiempo. En este caso, por ejemplo, a esta familia le suceden muchas cosas: Silvia vuelve a trabajar después de llevar mucho tiempo sin hacerlo, Curro cierra su empresa y cambia de sector, y, no lo olvidemos, Ana y Vera pasan de tener cinco años en el momento de la separación a seis y medio cuando deciden hacer el último pacto. Un año y medio a esas edades es mucho tiempo, mucho más que en la vida de un adulto. Esta familia, a pesar de todas las transformaciones en las que está sumergida, intenta sincronizarlo todo e incluso escucha las demandas de sus hijas que, de alguna manera, marcan el tiempo máximo que pueden estar sin ver a su madre.

Ese tiempo, aunque va creciendo, sigue acotando mucho sus estancias con su padre, lo que les obliga a continuar haciendo bastantes cambios de casa durante las vacaciones. En este momento, el tiempo máximo que están con su padre es de una semana en las vacaciones de agosto.

Llegados aquí necesitamos hacer una puntualización y es que hay familias en este libro que creen que es importante escuchar a los hijos en este proceso y hay otras que creen que es mejor no escucharlos, porque es un proceso que les queda grande y que son los padres los que han de tomar todas las responsabilidades y los que de verdad han de decidir todos los puntos. Para nosotros la mejor solución es la que cada familia adopta, la que encuentra y la que le hace feliz. No está claro que escuchar las peticiones de unas niñas de cinco años sea mejor que decidir por ellas y que sea mejor que ellas elijan si se quedan o no a dormir con su padre o si es mejor que se les dé un modelo claro y cerrado sin cambios posibles. Lo que sí creemos es que si esta familia ha escuchado a sus hijas y ha obrado en consecuencia es porque es lo que necesitaba hacer en ese momento. Una vez más, nos gustaría mostrarnos cautos ante cualquier generalización o axioma que pueda sacarse de los casos. La riqueza está para nosotros en el hecho de que cada caso es un mundo, no solo en los acuerdos a los que llega sino en cómo realiza el proceso.

Cada caso es un mundo y cada niño otro mundo. Veamos un ejemplo. Un día a Vera se le cae un diente y diseña una estrategia para que el ratoncito Pérez le visite en las dos casas. Pone el diente debajo de la almohada y al lado del diente pone una notita diciéndole al ratoncito Pérez que por favor no se lleve el diente porque ella lo necesita. Cuando se muda a la otra casa vuelve a poner el diente bajo la almohada y recibe otro regalo. Lo más revelador de esta historia es que Vera sabe perfectamente que no existe el ratoncito Pérez y que son su madre en una casa y su padre en la otra los que le ponen el regalito debajo de la almohada. ¿Y qué dice Ana de todo esto? Que ella como su hermana.

Los niños son muy listos y saben adaptarse muy bien a su realidad e intentar sacar el mayor partido de ella.

Familia Rojo: Haciéndose a papá poco a poco

Edad actual de las hijas: 8 y 8 años
Edad en la separación: 5 y 5 años

L	M	X	J	V	S	D
Ella	Él	Ella	Ella / Él	Ella	Él	Él
Ella	Ella / Él	Ella	Él	Ella	Ella	Ella
Ella	Él	Ella	Ella / Él	Ella	Él	Él
Ella	Ella / Él	Ella	Él	Ella	Ella	Ella

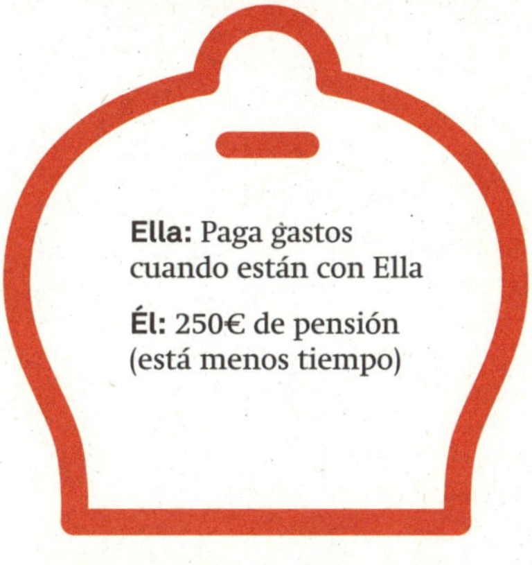

Familia Gris: Horarios imposibles de encajar

Jon y Maite también aspiran a una custodia compartida. Los dos tienen una presencia activa y cotidiana en la crianza de sus hijos Iker y Asier desde que nacieron. Su problema es que Iker en el momento de la separación tiene 2 años y Asier cuatro meses, y tanto a Jon como a Maite les parecen pequeños para separarlos de su madre —sobre todo Asier—. Así que deciden ir poco a poco. No les importa partir de una situación muy diferente de aquella a la que quieren llegar. En ningún momento firman ningún convenio. Los sucesivos acuerdos a los que van llegando los van estableciendo de palabra. Se fían el uno del otro lo suficiente como para no tener que ir a ver a un abogado y, además, el proceso por el que pasan es tan gradual, tan difícil de cuantificar, que sería muy difícil materializarlo en un escrito. Su apuesta consiste en ir leyendo la situación y en ir viendo cómo, poco a poco, los niños aceptan separarse de su madre.

De primeras, los hijos se quedan con Maite. Decimos se quedan, pero deberíamos decir se van. Maite y Jon viven con sus hijos en una casa en el campo a treinta kilómetros de la ciudad. Cuando deciden separarse, Maite quiere irse a vivir a la ciudad, así que se va a un piso de alquiler. Como la casa en el campo es suya, acuerdan que Jon le pague un alquiler por vivir en ella. El alquiler es amistoso, un alquiler de 300 €, bastante por debajo del precio de mercado. Maite se va del domicilio donde vivía, llevándose solo la habitación de sus hijos. Poco a poco ellos irán llevándose juguetes y más cosas que vayan queriendo tener con ellos.

En esa primera fase, Jon va a ver a sus hijos algunas tardes e incluso se queda a dormir en casa de Maite.

Ellos todavía tienen una relación bastante tensa —la separación es muy reciente— pero tienen claro que los niños están bien con su padre, que les sienta bien verle y que les sienta bien verlos a ellos juntos. Además, a los dos les parece la mejor manera de que se vayan acostumbrando a estar con Jon.

Pronto Iker, el mayor, empieza a irse el fin de semana con Jon. Luego Asier le acompaña. Al principio no se queda a dormir y luego sí. Al cabo de un año y medio llegan al régimen actual. Este es un régimen de custodia compartida en el que el reparto es casi al cincuenta por cien entre los dos.

Económicamente, Jon empieza pasándole unos 500 euros a Maite que se van poco a poco reduciendo a 300 cuando el reparto de días entre los dos es 5 con Maite y 2 con Jon. Actualmente, Jon no le pasa dinero a Maite pero han decidido subir el alquiler de la casa de 300 euros a 500 euros para ponerlo a precio de mercado.

Su idea es pagar todos los gastos a medias. Todavía los niños no tienen gastos fuertes, solo el colegio (que Maite y Jon pagan a medias). Cada uno paga los gastos que se producen cuando los niños están en su casa. La única excepción es la ropa. Maite es la que suele comprarla aunque tampoco la cuantifica. Jon al vivir en el campo no le presta mucha atención. De hecho, la ropa fluye de una casa a la otra y una de las fuentes de discusión entre ellos dos es que la ropa nueva circula de casa de Maite a casa de Jon y se queda allí y que es la vieja que les pone él, para estar en el campo, la que vuelve a casa de Maite. Alguna vez se producen desequilibrios, como que todos los calzoncillos se quedan en una de las casas, pero bueno, nada que no se pueda solucionar con una llamada de teléfono.

Jon y Maite pagan a medias hasta los regalos de cumpleaños y navidad de sus hijos. En esto constituyen una excepción a las demás familias que han participado en este libro. Porque además no solo compran a medias el regalo de cumpleaños y navidad, sino que hacen una celebración conjunta de cumpleaños para cada niño. Cuando llega el día, hacen la fiesta en la casa de Jon y allí se juntan tanto amigos de los niños y los padres como la familia de ella. Más adelante estudiaremos mejor el tema, pero casi todas las demás familias hacen dos, tres y hasta cuatro fiestas de cumpleaños diferentes. Maite y Jon se juntan para hacer la celebración porque creen que a sus hijos les gusta verles juntos, les gusta ver que pueden llevarse bien y que todavía existe «algo», una unidad constituida por ellos: su padre y su madre. Jon y Maite nos cuentan que cada vez hacen más cosas juntos, como ir al circo o comer todos juntos. Al principio la situación era tensa, pero se va suavizando y eso permite esas reuniones.

Estos son a grandes rasgos los elementos cuantitativos de su consenso y podrían ser similares a muchos otros consensos, si no fuera porque Jon y Maite tienen una particularidad, una particularidad que les obliga a ser especialmente comunicativos el uno con el otro si quieren mantener este consenso. Esta particularidad se deriva de su situación profesional. Maite trabaja de diseñadora en un estudio y su trabajo le permite cierta flexibilidad pero le pide bastante dedicación. Para conciliarlo con su vida de madre, necesita la ayuda de una canguro, como algunas de las madres y de los padres de este libro. Necesita a la canguro y a veces tiene que recurrir a la familia pero lo puede hacer. Jon sin embargo lo tiene más difícil. Jon es enfermero y trabaja a turnos en un centro médico. Su horario varía cada semana y es bastante impredecible. De lunes a jueves trabaja dos días, que pueden ser de 3 a 9 de la tarde o de 8 de la mañana a 3 de la tarde. El fin de semana trabaja o viernes o sábado o domingo doce horas seguidas, de 9 a 9.

Este horario, tanto por su variabilidad, como por el hecho de extenderse también en el fin de semana, imposibilita la mayoría de los acuerdos que habíamos visto en los casos anteriores y muchos de los acuerdos que veremos en el libro. En general, en casi todas las familias que tienen custodia compartida y hasta en las que tienen custodia monoparental, el fin de semana es alterno. Aquí, sin embargo, puede que Jon trabaje el sábado o el domingo, fraccionando el fin de semana.

Para complicar todavía más la logística, Jon vive en el campo a cierta distancia de la ciudad donde vive Maite y donde está el colegio de sus hijos, y eso dificulta que pueda tener una canguro o que pueda recoger a los hijos los días que está de tarde o llevarlos al colegio los días que está de mañana... Jon es de otra ciudad y no tiene familia que le pueda echar un cable en todo lo relacionado con sus hijos.

Para conseguir repartirse la custodia de manera equilibrada, Maite y Jon tienen que hacer un *planning* nuevo cada semana. No tienen días fijos. Una semana los niños pueden dormir con el padre lunes, miércoles y domingo y otro martes, jueves y sábado. No existe ninguna regla. Solo que Jon intenta quedarse siempre el miércoles con ellos para que Maite pueda tener al menos una tarde-noche en la semana para hacer planes. Los niños no saben cada semana cuál va a ser su *planning*, cuándo irán de una casa a la otra. Esta supuesta incertidumbre, que vista desde fuera podría parecer perjudicial para los niños, es la que hace que puedan estar tanto con su madre como con su padre y que puedan mantener el vínculo con los dos que tenían antes de la separación. Aunque Maite comenta que para ella sería mejor poder planificar las cosas con más tiempo, ella está convencida de que le merece la pena el esfuerzo, si es para que tanto ella como Jon puedan vivir con Iker y Asier.

También hay que tener en cuenta que Jon ya tenía ese trabajo antes de separarse y que Maite y los niños estaban acostumbrados a su variabilidad. Esta variabilidad, es verdad, dificulta la coordinación ahora que viven separados, pero cuando vivían juntos el hecho de que Jon trabajase solo tres días a la semana también facilitó que pudiera pasar mucho tiempo con los niños y que pudiese tener una presencia importante en su día a día. Jon tiene tiempo y ganas de pasar tiempo con sus hijos, pero no es dueño de la distribución de ese tiempo. Lo máximo que puede pasar es dos noches con ellos.

Maite reconoce que nunca ha estado una semana sin verlos y que le costaría mucho soportarlo. Esa situación no se ha dado ni siquiera en vacaciones ya que Jon no suele tener las vacaciones en verano (este año las ha tenido en marzo y en noviembre). También en verano, en vacaciones de Pascua o en Navidad tienen que hacer sus malabarismos para cuadrar los horarios escolares de los niños con sus horarios laborales. Pero bueno, en menor medida es también lo que tienen que hacer las familias unidas para coordinar un mes máximo de vacaciones paternas o maternas con los dos meses y medio de vacaciones escolares. Una vez más las dificultades a las que se enfrentan las familias separadas no son solo derivadas de la separación, sino de las dificultades genéricas de esta sociedad, como la dificultad de la conciliación entre vida familiar y laboral.

Por ejemplo, una vez Maite y Jon tuvieron un problema grave debido a que Jon se puso enfermo. Como hemos comentado anteriormente, Jon no tiene familia en la ciudad, ni nadie que le pueda ayudar cuando le toca estar con los niños. Cuando Jon se puso enfermo, eso trastocó completamente el *planning* de Maite ya que ella tuvo que quedarse con los niños el tiempo que Jon estuvo enfermo. A priori se supone que Jon se las tendría que haber apañado solo, pero no encontró la manera y Maite tuvo que asumir toda la responsabilidad. ¿Qué podía hacer? Ella no pudo evitar decirle que se tenía que cuidar más, que tenía que buscar apoyos, pero bueno, ¿hasta qué punto tenía derecho ella de pedirle algo así a él? ¿Y él a ella? Una vez más nos movemos en terreno pantanoso. Si esta hubiera sido una separación no consensuada, una separación por vía judicial, probablemente un incidente así hubiera podido acabar con una denuncia o con una solución apresurada, pero Maite, a pesar de su enfado, se ocupó de los niños hasta que Jon se recuperó y luego todos siguieron con su ritmo familiar.

Nota de última hora

Treinta de Abril de 2012. Estamos acabando la redacción de este libro cuando recibimos una llamada de Maite. Tiene novedades importantes y nos pregunta si todavía estamos a tiempo de incorporarlas al libro. Nosotros le decimos que sí, que por un pelo, pero que todavía estamos a tiempo y, para qué os vamos a engañar, nos alegramos mucho de que una participante del proyecto se tome la molestia de llamarnos para precisar su historia, para mantenernos al corriente de su evolución.

La novedad es que Jon, después de muchos años en el mismo trabajo, acaba de cambiar y no ha sido un cambio pequeño. Como acabamos de ver, el trabajo de Jon y más concretamente sus guardias variables eran uno de los mayores condicionantes para decidir los días que pasaban los niños con Maite y con él. Ahora le ofrecen a Jon la posibilidad de trabajar con un horario fijo cuatro días a la semana: lunes, martes, jueves y viernes. Qué diferencia con la incertidumbre anterior. Jon se alegra mucho de tener un horario que le permita conciliar mejor su vida familiar, pero no acepta el trabajo hasta llamar a Maite y contárselo. Le pregunta si ella está de acuerdo en mantener la custodia compartida y si ella cree que podrán llegar a un reparto de días que les convenza a los dos. Maite dice que sí, contenta por tener por fin un poco de estabilidad y diseñan un nuevo reparto de días. En realidad la proporción de días que pasan los niños con cada uno de ellos es la misma: tres con Jon y cuatro con Maite, pero el reparto es ahora igual cada semana. Los niños están lunes, martes, jueves y viernes con Maite, y miércoles, sábado y domingo con Jon.

Como en todos los pactos, siempre se gana algo y se pierde otro algo. Lo curioso de este pacto es que Jon está con los niños todos los fines de semana y comparte con ellos la mayor parte de sus días de ocio. Maite sin embargo solo está con ellos días laborables en los que ellos van al colegio, y compartirá con ellos sobre todo las tardes. Casi todas las familias anteriores tendían a equilibrar los fines de semana haciendo que fueran alternos (uno con el padre y el siguiente con la madre). Aunque la verdad es que los niños tienen muchas vacaciones, puentes, etc., así que no creemos que a Maite le falten momentos de ocio con ellos. Otro aspecto curioso de este acuerdo es que los niños nunca están más de dos días sin ver al padre o a la madre y que no hay ningún día que baile de semana en semana.

No sabemos qué tal le irá a esta familia con este nuevo reparto pero esperamos que les haga más fácil la vida y que con él sean más felices.

Familia Gris: Horarios imposibles de encajar

Edad actual de los hijos: 4 y 2 años
Edad en la separación: 2 y 4 meses

L	M	X	J	V	S	D
Ella	Ella	Él	Ella	Ella	Él	Él
Ella	Ella	Él	Ella	Ella	Él	Él
Ella	Ella	Él	Ella	Ella	Él	Él
Ella	Ella	Él	Ella	Ella	Él	Él

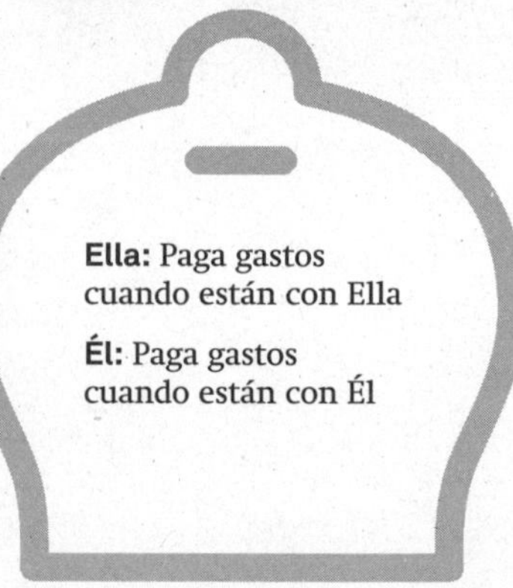

Familia Verde: 15 días en cada casa

Hasta ahora hemos visto familias con niños y niñas cuyas edades iban de unos pocos meses a ocho años. El caso de la familia Verde es muy diferente. Cuando Arturo y Carmen deciden separarse, sus hijos Jorge y Manu tienen respectivamente quince y diecisiete años. A muchos niveles son ya bastante autónomos y no son sujetos pasivos, sino parte activa de un proceso que les incumbe directamente. Y, de hecho, va a ser su voluntad el factor más determinante en la elección del régimen de custodia.

Arturo, Carmen, Jorge y Manu viven en un chalet en una urbanización a veinte kilómetros de la ciudad. Jorge y Manu van a un colegio concertado en la ciudad y Arturo y Carmen trabajan en el mercado. Tienen un puesto de pescado que llevan entre ambos y que es la fuente de ingresos de la economía familiar. Este es el primer caso en el libro en que la pareja además de compartir la vida familiar comparte el negocio familiar. No será el único, y veremos cómo cada uno resuelve de manera diferente el problema de qué hacer con el negocio familiar cuando se produce la separación.

Pero fijémonos primero en cómo viven Arturo y Carmen antes de separarse. Arturo y Carmen tienen un régimen muy estructurado en el que las tareas de cada uno están muy bien definidas. El trabajo en el mercado es muy exigente y tiene un horario muy difícil de conciliar con la vida familiar. Arturo es el primero en levantarse. Sale de casa a las tres de la mañana para ir a la lonja a comprar el género que venderá más tarde en el puesto. Carmen, mientras Arturo dispone el género en el puesto y atiende a los primeros clientes, despierta a los dos niños y los lleva al colegio. El colegio está cerca del mercado así que en cuanto deja a los niños va al puesto a trabajar con Arturo. Cuando el puesto cierra, los dos trabajan en la limpieza y el mantenimiento, recogen a los niños del colegio y vuelven a casa. Una vez allí, Arturo, que ha empezado mucho antes su jornada laboral, descansa y es Carmen la encargada de todo lo relacionado con los niños, la comida, la limpieza, la ropa…

Este ritmo se mantiene durante muchos años y cuando llega al momento de la separación no saben muy bien cómo cambiarlo. Sus vidas están unidas por muchos hilos (trabajo común, casa común, hijos…) y ellos tienen que elegir cuáles van a cortar y cuáles no. En su caso, el único que van a dejar es el de los hijos, todos los demás los van a cortar y van a dejar la situación lo más zanjada posible para no tener que volver a sentarse a discutir. El trabajo común les exige verse demasiado, coordinarse demasiado y ellos no tienen ganas de hacerlo, así que toman la decisión de no seguir trabajando juntos. El acuerdo al que llegan es que Carmen se quedará con la casa y Arturo con los ahorros y el negocio. A Arturo, el dinero del negocio le permitirá encontrar una nueva vivienda y Carmen, gracias a una formación que posee de «esteticién», se reorientará laboralmente. Arturo se queda con un negocio en pleno funcionamiento pero sin casa, y Carmen se queda con la casa y con un negocio que empieza de cero y lleno de incertidumbre. Carmen hubiera preferido no quedarse con la casa y tener un piso en la ciudad que es dónde ha montado su consulta, pero decide conservar el chalet porque sus hijos disfrutan mucho de él. Disfrutan del jardín, de la piscina e incluso del garaje para hacer chapuzas diversas. Así que ella decide esperar y mantener la casa mientras ellos vivan con ella.

Pero los hijos, ¿con quién se quedan?

Aparentemente, y viendo el ritmo que hasta ahora seguía esta familia, podía parecer que lo más lógico es que Jorge y Manu se quedaran con su madre y que la familia optara por una custodia monoparental. A Carmen eso es lo que le parece más lógico: continuar haciendo su labor como lo ha venido haciendo todos estos años, con la ayuda de una pensión de Arturo, mientras ella va montando su consulta.

Pero eso no es lo que sucede, y no es lo que sucede porque los hijos dicen que lo que ellos quieren es vivir con los dos, que quieren vivir con su madre y con su padre y que además quieren pasar el mismo tiempo con cada uno. Tienen hasta decidido cuánto tiempo van a pasar en cada casa: quince días. A Carmen le parece un poco exagerado y les sugiere que los turnos sean de una semana pero ellos no aceptan. No quieren estar cambiando de casa. No son niños sino adolescentes, y uno de ellos es casi mayor de edad. No es fácil obligar a alguien de esa edad a hacer algo que no quiere, sobre todo si te dice lo que quiere hacer con determinación y de una manera clara. Además, ni Carmen ni Arturo tienen muchos argumentos de peso para rebatirles su elección. Lo único que Jorge y Manu tienen que asumir es que el ritmo con su madre va a ser muy diferente del ritmo con su padre. En su nuevo trabajo, Carmen tiene un horario más convencional, pero Arturo sigue teniendo que trabajar en el mercado y levantándose a las tres de la mañana. Además, Arturo nunca ha cocinado ni se ha ocupado de la ropa ni de nada relacionado con los niños. Pero Jorge y Manu son mayores; de hecho, es curioso que sea Carmen durante la entrevista la que no para de recordárnoslo. A muchas preguntas que le hacemos ella responde:

> *Pues claro, no ves que son mayores. Te lo vuelvo a repetir: son mayores. Tienen su vida. Hacen lo que quieren ¿Tú qué vas a hacer? Pues adaptarte.*

Sí, Jorge y Manu son mayores, pero eso no implica que la nueva estructura quincenal no sea un desafío para todos: para Carmen porque tendrá que confiar en que sus hijos estarán bien con su padre, ya que por primera vez en su vida no será la responsable de ellos todo el tiempo. Para Arturo, porque por primera vez va a ocuparse de sus hijos sin la ayuda de Carmen, y para Jorge y Manu porque van tener que asumir responsabilidades en las dos casas y saber gestionar bien un acuerdo del que han sido los principales promotores.

Dos casas. Dos horarios. Dos maneras de vivir. En casa de Carmen es ella la que les despierta y la que les lleva al instituto, la que se ocupa de las compras, de hacerles la comida, de limpiar. En casa de Arturo, todo lo contrario. Como Arturo se levanta tan pronto van a ser ellos los que tengan que despertarse solos, desayunar, preparar sus cosas e ir solos al instituto; e incluso van a ser ellos los que tengan que ocuparse de la cocina, ya que su padre nunca ha cocinado. Será Manu sobre todo —que está estudiando para cocinero— el que se ocupe de este tema. Jorge y Manu han tenido que adaptarse porque este es el acuerdo que quieren y si no hacen todo eso el acuerdo no puede sostenerse.

También hay que recalcar que a pesar de su libertad de movimientos, Jorge y Manu son muy respetuosos con todo lo relacionado con el acuerdo y quitando algunas noches que duermen en casa de su padre porque está en la ciudad y les viene mejor cuando salen por la noche, casi no hay excepciones a la regla de los quince días en cada casa. Son muy meticulosos con ella y Carmen cuenta que incluso un día de temporal, Jorge se fue bajo la lluvia a dormir a casa de su padre estando en casa de la madre, porque era allí donde le tocaba dormir. Su responsabilidad no solo se reduce a aceptar el acuerdo y seguir el orden de los días, sino que son ellos los encargados de hacer sus maletas y de decidir qué llevan de casa en casa. A su edad ya no se ponen cualquier cosa, su ropa es «su ropa», ellos eligen cómo se visten y qué cosas son las que les gustan o no. Por consiguiente, deben transportar la ropa que quieran ponerse durante los quince días en su maleta. Y además transportan sus libros, material de estudio, juegos, *Playstation*...

Ellos no tienen nada duplicado entre las dos casas. Solo un poco de ropa porque hoy en día casi todo el mundo tiene más de la que usa (ya sea porque pase de moda o porque uno se aburra de ella o porque esté un poco vieja...). Carmen cuenta que la ropa precisamente es uno de los pocos conflictos que sigue manteniendo con Arturo en lo relativo a los niños. Se supone que los dos les compran ropa pero es ella la que se la suele comprar, y un día al ver lo vieja que tenían Jorge y Manu la ropa interior decidió comprársela toda nueva con la condición de que esa se quedara en su casa y no fuera a casa de Arturo. Al poco tiempo toda esa ropa ya estaba repartida entre las dos casas.

La ropa es en este acuerdo una excepción, todos los demás gastos: colegios, dentista, viajes... los pagan los dos a medias, aunque sin tener ninguna cuenta común. El que está con los niños paga el gasto y luego le pide al otro la mitad del coste.

Un aspecto muy curioso de este acuerdo, y que no se repite en ninguno de los otros casos, es que nunca hay variaciones. El acuerdo no cambia en verano, ni en Navidad, ni en los cumpleaños... El ritmo durante todo el año es el mismo: el día 1 de cada mes Arturo los lleva a casa de Carmen y el día 16 Carmen los lleva a casa de Arturo. Y eso independientemente de que el mes tenga 28, 30 o 31 días. Si nos fijamos bien, según este calendario Jorge y Manu nunca están con su madre en Nochebuena ni en Navidad, pero están siempre en Año Nuevo y Reyes. Y según como caigan las vacaciones de Pascua puede que estas le coincidan solo a Carmen o a Arturo.

Es fácil darse cuenta de que una de las mayores ventajas de un modelo tan sencillo y tan robusto es que permite al padre y a la madre no tener que debatir cada año sobre cómo repartirse ciertos días «especiales» como Nochebuena, Año Nuevo y las vacaciones de verano. Hijos, padre y madre pueden así organizarse con antelación sabiendo siempre en qué situación van a estar. Este modelo es muy diferente del de otras familias que hemos visto que tienen que juntarse trimestralmente o incluso semanalmente para realizar la distribución de los días. Como avanzábamos en el título: para custodias, colores.

Ninguna de las familias anteriores hubiera soportado una separación tan larga. Si esta familia adopta este consenso es evidentemente porque sus hijos son mucho mayores que los que hemos visto en los casos anteriores. La edad favorece aquí la elección de periodos largos por dos motivos: el primero es que los dos hijos tienen independencia de movimiento. Aunque todavía no pueden conducir, pueden desplazarse en transporte público e ir a ver a su padre o a su madre cuando quieren. Las dos casas están solo a veinte kilómetros de distancia y el padre y la madre trabajan en la misma ciudad en la que los hijos estudian. Los hijos, igual que van solos por ahí con sus amigos o van a comprar o van al cine o van donde sea, van a veces a casa de su madre o de su padre o al trabajo de alguno de los dos a verles. Esto se produce muchas veces de manera espontánea y sin que esté pactado de ninguna manera. Van a verles porque se han olvidado algo en una casa, o porque quieren preguntarles algo, o porque quieren pedirles dinero o permiso para hacer una actividad... En fin, lo mismo que hace cualquier adolescente con sus padres.

El segundo motivo que hace que los hijos puedan estar tanto tiempo con el padre o la madre sin convivir con el otro es que ya no tienen la «necesidad» (o por lo menos no la verbalizan) de estar muy apegados a alguno de ellos. Los dos van al instituto, tienen sus amigos, proyectos... La presencia del padre y de la madre es importante en sus vidas pero igual que lo es para cualquier adolescente y en una medida muy diferente de la necesidad que puedan tener un niño o una niña de cuatro años de estar con su madre o su padre. Todos los que hemos sido niños y adolescentes sabemos lo diferente que es esa relación. La niña de cuatro años necesita que la lleven, la alimenten, la vistan, la bañen, le cuenten cuentos, le respeten un horario...

Carmen comenta que si sus hijos hubieran sido unos años más pequeños este acuerdo hubiera sido totalmente imposible y probablemente hubieran elegido una custodia muy diferente: seguramente una custodia materna que continuara con la situación anterior a la ruptura. De hecho, es fácil que si Carmen y Arturo no hubieran consensuado la custodia esa hubiera sido la elección del juez. Una custodia materna con una pensión hasta que ellos fueran mayores de edad. Ningún juez hubiera podido determinar este acuerdo y menos aun la división entre negocio, ahorros y casa. Una vez más estos acuerdos solo son posibles con buena voluntad y consenso y en este caso han conseguido que tanto Carmen como Arturo, Jorge y Manu estén contentos.

Familia Verde: 15 días en cada casa

Edad actual de los hijos: 19 y 17 años
Edad en la separación: 17 y 15 años

L	M	X	J	V	S	D
Ella	Ella	Ella	Ella	Ella	Ella	Ella
Ella	Ella	Ella	Ella	Ella	Ella	Ella
Él	Él	Él	Él	Él	Él	Él
Él	Él	Él	Él	Él	Él	Él

Ella+Él: Propiedad de ambos

Ella: Se queda la casa (Él se queda los ahorros y el negocio familiar)

Él: Se va de alquiler

Ella: Paga gastos cuando están con Ella

Él: Paga gastos cuando están con Él

(Pagan a medias los extraordinarios)

Familia Fucsia: ¿Y si además somos socios y el negocio está en casa?

Pero, ¿qué sucede si además de que los miembros de la pareja sean compañeros de trabajo, la vivienda familiar es el lugar donde se desarrolla ese trabajo?

Víctor y Marta son pareja, padre y madre de Esther y Leire, sus hijas de seis y ocho años, y socios y únicos trabajadores del negocio familiar. Tienen una academia de pintura en su casa y los dos se encargan de dar los talleres así como de la organización de todos los aspectos relacionados con ellos: matrículas, horarios, material, difusión…

Su vida en común es parte de un proyecto vital en el que su relación de pareja, su actividad profesional —que es también su vocación— y la manera en la que han abordado la crianza de sus hijas son todas piezas fundamentales. Cuando deciden separarse, todo se tambalea. Y, sin embargo, cinco años después, aparte de su relación de pareja, todo sigue en pie: los talleres, la relación laboral, la amistad, la crianza compartida.

Incluso se puede decir que son todas esas cosas en común las que en los momentos difíciles, a pesar de las dificultades, les han hecho permanecer unidos. A los dos les gusta su trabajo y la manera en la que lo desarrollan. Les gustan sus talleres y todo lo que se mueve a su alrededor. Hace ya años que los crearon y los han optimizado mucho, los han ido convirtiendo en lo que ellos quieren que sean. ¿Por qué romper una asociación que funciona bien? ¿Por qué separarse profesionalmente o empezar a desarmar algo con el riesgo de que empeore?

Al principio Marta y Víctor valoran muchas opciones: valoran separarse, valoran llevar los talleres fuera del domicilio familiar, valoran mantener en el piso los talleres y buscar otra casa para vivir. Valoran algunas cosas en frío y otras en caliente. Al principio muy en caliente, cuando todo se mezcla. Luego, poco a poco van dándose cuenta de que la clave está en separar los roles y no mezclarlos todos. Se vuelven más profesionales en el trato profesional e intentan ser lo más objetivos posibles en el trato con las niñas. No es una tarea fácil, pero como dice Marta:

> *Por lo que a mí respecta, merece la pena; y no solo por las niñas y por el trabajo, sino por lo que me hace crecer a nivel personal. Me apasiona la comunicación y las relaciones (con y sin conflictos). Es el centro de mi vida personal y laboral. Y aprender a tratar bien al padre de mis hijas y a la persona con la que he compartido 18 años de mi vida de forma tan intensa, es esencial.*

Esta declaración por parte de Marta es una de las razones de que este libro exista. «El padre de mis hijos», «la madre de mis hijos», «la persona con la que he compartido *x* años de mi vida».

No estamos hablando de conflictos entre extraños, hablamos de conflictos entre personas que se han amado, que se han respetado, que se han tratado con cuidado y que han compartido un proceso de vida.

¿Cómo no me voy a sentar a discutir con esa persona? Y más si como dice Víctor:

> *Para nosotros era vital no delegar ninguno de los aspectos importantes de nuestra vida: la alimentación, la salud, la educación. Nosotros siempre hemos querido ser protagonistas de nuestra vida. ¿Cómo íbamos a delegar algo tan importante como nuestra separación en manos extrañas? De ninguna manera. Era algo que teníamos que decidir nosotros aunque costase —y costó mucho—. Tuvimos que hacer un gran esfuerzo para contener toda la rabia y el dolor que teníamos.*

Víctor y Marta se van a ver casi todos los días y van a discutir y van a pasar por muchos estados de ánimo, pero van a llegar a un acuerdo. El trabajo en común funciona y les da estabilidad económica, pero sobre todo es más que un trabajo: es algo que desde que se conocieron les ha unido y que les apasiona, así que deciden mantenerlo. Deciden asimismo mantener los talleres en el piso familiar. El piso es un piso alquilado que está en el centro de la ciudad y su ubicación y tamaño son muy importantes para su doble función pública y privada. La mayor pega que tiene mantener los talleres en la casa familiar es que si uno de los dos vive allí perderá cierta intimidad. La casa no es muy grande y el cuarto de baño que usa la gente que va a los talleres es el mismo que utiliza la familia. No hay una separación física entre ambas funciones. La sala que utiliza la familia para sus actividades privadas está entre las dos salas grandes a las que acude la gente que asiste a los talleres.

Marta asume esa pérdida de intimidad y decide vivir allí. Víctor se va a una casa en el campo a una hora de la ciudad que los dos han comprado y cuya hipoteca están pagando.

Una vez resuelto el tema de la vivienda tienen que resolver el reparto de los días. Hasta el momento de la separación, Víctor pasa mucho tiempo con sus hijas pero aun así es Marta la que se ocupa más de ellas. En contrapartida, ella trabaja menos. En ese momento de su vida Marta necesita volver a trabajar al cien por cien, quiere trabajar más. Lleva muchos años muy centrada en sus hijas y, aunque a partir de ahora seguirá estándolo, necesita un cambio. Víctor también está de acuerdo con ese cambio. A las niñas, sobre todo a la pequeña, les cuesta un poco. Esa es la única duda que unos años después tiene Marta; y es que no sabe si hizo bien priorizando su momento sobre la necesidad que tenían las niñas de tenerla cerca. No sabe si hubiera sido mejor que el paso a estar menos tiempo con ellas hubiera sido más progresivo. Pero bueno, esa duda la tienen la mayoría de las madres cuando vuelven a trabajar después de haber pasado muchos años criando a sus hijos. Es imposible saber lo que hubiera pasado. Muchas de las madres y de los padres que participan en este libro nos han confesado en sus entrevistas que tienen dudas, que no saben si han acertado o si había una manera mejor de hacer las cosas, pero bueno, es imposible probarlas todas y es casi imposible pasar por momentos de la vida como estos sin ninguna duda.

Hay que tomar decisiones concretas y asumirlas y esta familia las toma. Opta por una custodia compartida desde el principio con el siguiente esquema:

· De lunes por la tarde hasta miércoles por la mañana y los viernes por la tarde con Marta.

· De miércoles por la tarde hasta viernes por la mañana con Víctor.

· Fines de semana desde viernes por la noche hasta lunes por la mañana alternos.

Si nos fijamos bien es una distribución muy parecida a la que ha elegido la familia Naranja y los motivos son parecidos. La única diferencia es la tarde del viernes: en este caso las niñas están siempre con Marta porque Víctor trabaja.

A nivel económico los dos han elegido mantener también muchas cosas. Los dos pagan a medias el alquiler del piso en la ciudad y siguen pagando a medias la hipoteca de la casa en la que vive Víctor. Parece una solución un poco extraña pero es a la vez muy sencilla y bastante justa. Alguien que hubiera querido ser muy riguroso hubiera tenido que estimar factores como la parte del alquiler que debe pagar Marta por vivir allí, la parte que debe pagar por trabajar allí, la parte que Víctor debe pagar en concepto de alquiler por trabajar allí, y probablemente le hubiera dicho a Víctor que comprase la parte de su casa a Marta o que la vendieran los dos y que con su parte él se comprara o alquilara otra.

Cuantas complicaciones, ¿no?

¿En nombre de qué?

Cuando con este acuerdo los dos están contentos. Cuando este acuerdo es el que les permite vivir —dentro de lo que su economía les permite— donde quieren.

Una vez más esta familia ha encontrado un acuerdo que les satisface, un acuerdo único que se corresponde con su realidad.

Pero como ya hemos dicho varias veces en este libro, nada es definitivo. Tres años después de alcanzar el acuerdo los dos se sientan a hablar y están a punto de cambiarlo radicalmente. Nuevos hechos han sucedido y les han llevado a una situación tensa. Esto no invalida para nada el hecho de que en su momento hubieran llegado a un acuerdo. Lo que pasa es que ningún acuerdo es eterno porque la vida manda y en la vida suceden cosas —les han sucedido a todas las personas que han contribuido a este libro—. Creer que un acuerdo es intocable es condenarse al fracaso porque la vida da muchas vueltas y cuando una pareja se separa a cada uno de ellos puede llevarlo a miles de kilómetros del otro.

No hay nada invulnerable, nada indestructible. Cuanto más vivas están las cosas, por mucho que se las cuide y se las ayude a crecer siempre pueden morir. Siempre existe esa posibilidad y no es una excusa para no intentar hacer las cosas bien.

En este caso los dos se dan un plazo de un año para ver si la crisis se diluye y si no dejarlo y probar otra manera de hacer las cosas. Hoy, dos años después, siguen ahí.

Familia Fucsia: ¿Y si además somos socios y el negocio está en casa?

Edad actual de las hijas: 12 y 10 años
Edad en la separación: 8 y 6 años

L	M	X	J	V	S	D
Ella	Ella	Él	Él	Ella	Ella	Ella
Ella	Ella	Él	Él	Él / Ella	Él	Él
Ella	Ella	Él	Él	Ella	Ella	Ella
Ella	Ella	Él	Él	Él / Ella	Él	Él

Ella+Él: Hipoteca (campo) y alquiler (ciudad) a medias

Ella: Se queda en la ciudad (comparten alquiler)

Él: Se queda en el campo (comparten hipoteca)

Ella + Él: Todo al 50% de lo que ganan con el negocio familiar

Familia Amarillo: Papá se va a América

Los procesos vitales pueden ser muy azarosos y más cuando una familia se separa y padres y madres empiezan a tener una vida independiente con nuevas elecciones y nuevos caminos que pueden llevarles muy lejos de su vida anterior. El día en que Carles y Rosa se separan no pueden imaginar ni de lejos cuál va a ser su situación cuatro años después.

Carles y Rosa viven en una pequeña urbanización dentro de la ciudad. Tienen tres hijos: Juan, de siete años, Nacho de diez y Miguel de quince. Tanto Carles como Rosa trabajan: Rosa en un instituto tecnológico y Carles en una multinacional informática. A pesar de trabajar los dos ha sido Rosa la que se ha ocupado siempre de los niños, no tanto por falta de voluntad de Carles sino porque el horario de Carles era más largo y era él el último en llegar a casa. Como Rosa y Carles trabajaban, la familia contaba con una mujer contratada que les ayudaba.

Llegado un momento Carles y Rosa deciden separarse. Deciden separarse pero no saben cuál es la mejor manera de hacerlo, así que permanecen un mes juntos en la casa mientras deciden cómo hacerlo. Se separan de habitación pero siguen compartiendo el resto de la casa, algo que ya hemos visto hacer a algunas de las familias que aparecen en este libro. Durante ese mes hablan, hablan mucho, valoran todas las posibilidades y deciden que quieren una custodia compartida al cincuenta por cien. No importa que hasta ahora Rosa haya sido la que ha llevado el peso de todo lo relacionado con los niños, ellos creen que él es igual de buen padre que ella buena madre, así que no ven por qué uno de los dos tiene que tener preferencia.

A pesar de tener hijos con edades que van de los siete a los quince años, Carles y Rosa deciden no compartir el proceso de decisión con ninguno de ellos. No les consultan nada y son ellos dos los que asumen toda la responsabilidad de determinar el consenso de custodia. Ellos creen que es algo que a los hijos les supera y que deben darles resuelto y de manera clara. Una vez más cada familia sopesa unos argumentos de una manera y otra familia de otra manera. En la familia Verde, los hijos de quince y diecisiete años habían sido los que habían elegido el tipo de custodia.

Respecto a los periodos que están los niños con cada uno de ellos, Carles y Rosa deciden que van a estar una semana con cada uno. La elección del periodo la «copian» de otra pareja separada que conocen y que a su parecer ha analizado bien el problema. Hay más parejas en este libro que nos confiesan haberse inspirado en acuerdos de otras parejas y que nos han contado que ciertos cafés tomados en momentos críticos con personas de confianza les iluminaron más que muchos artículos, libros o conversaciones con especialistas. Nosotros insistiremos más en este tema en la conclusión, pero nos gustaría que este libro fuera también fuente de inspiración para gente que como Carles y Rosa busca ejemplos posibles para decidir cuál es el mejor convenio posible para su familia.

Carles y Rosa deciden pues una custodia compartida al cincuenta por cien dividida en periodos de una semana, pero lo que no copian de ninguna familia y hacen porque ven que es lo mejor para ellos, es no mover a los niños de casa. Serán ellos los que roten cambiando alternativamente de casa. De esa manera los niños conservan sus cuartos, se evitan transportar un montón de cosas y conservan sus amigos. En efecto gran parte de la vida de los niños gira alrededor de esa urbanización. Es una urbanización cerrada en la que ellos se mueven libremente y juegan con otros niños en los espacios comunes. Sus mejores amigos son todos vecinos. En un momento tan crítico para unos niños como la separación de sus padres, no todo su universo va a cambiar sino que ciertos aspectos importantes seguirán igual que siempre.

Carles y Rosa comparten la hipoteca de la casa y deciden alquilar también a medias un apartamento mientras ven cómo se va desarrollando la situación. Así pues cada uno de ellos vivirá una semana en el apartamento y una semana con los niños. Curiosamente, Carles y Rosa comparten ahora dos casas en vez de una, aunque nunca coincidan en ninguna de ella.

Además, el piso lo alquilan también en la misma urbanización. Esto es una petición expresa de Carles que en esos momentos se siente más flojo, ya que ha sido Rosa y no él la que ha querido la separación. Carles no quiere estar lejos de sus hijos y Rosa, a pesar de que siente que la presencia de Carles le coarta un poco, acepta. De esa manera los dos pueden ver a sus hijos cuando quieran aunque no les toque estar con ellos. Les ven aunque solo sea un momento mientras ellos juegan en el parque. Aunque la verdad es que Carles tampoco los ve tanto, es más el hecho de saber que si quiere puede verlos que la necesidad de verlos siempre.

La semana que uno vive con los niños se ocupa de todo lo relacionado con ellos y con la casa. O más bien se ocupa de la gestión de todo ello ya que Carles y Rosa —como hemos dicho antes— cuentan con una mujer contratada que les ayuda en esas tareas. Aquí se ve un concepto interesante de la custodia que es que la custodia de los niños es por una parte quién toma las decisiones que conciernen a los niños, quién se ocupa de gestionar esas decisiones y quién las aplica. En este caso algunas de las aplicaciones como lavar ropa, planchar, limpiar sus habitaciones, lo hace la mujer contratada. Encargarse de la gestión de la casa con los niños durante la semana lo hace el adulto que vive con ellos. Pero será Rosa la que se ocupe un poco más de las decisiones que tienen que ver con los niños porque es ella la que lo ha venido haciendo siempre, la que ha llevado la «dirección» en ese campo. Ella es la que ha decidido a qué actividades extraescolares van, qué instrumentos musicales tocan... Un aspecto sintomático de esto es que es ella, a pesar de ser una custodia compartida, la que se va a encargar de comprarles ropa y de ver qué ropa necesitan en cada momento. Como ella dice utilizando un vocabulario técnico propio de su profesión:

> *Hay que distinguir los roles. En nuestro caso lo que es la gestión de la crianza de los hijos es compartida, y en este momento es más compartida de lo que lo era cuando vivíamos juntos. Pero la dirección de la crianza es mía, igual que antes.*

Es curiosa esa separación entre la dirección y la gestión. Probablemente, la de Rosa sea la única de estas familias que la explicita, pero seguro que en muchas de ellas encontraríamos estos dos roles distribuidos de diferente manera. Rosa tiene muy claro cuál es su papel. De hecho tendrá alguna discusión potente con Carles cuando este decide que uno de los hijos va a cambiar de extraescolar. Rosa rápidamente le explica que los extraescolares son cosa suya. No por afán organizador sino porque —como explica— es ella le que siempre se ha ocupado de ellos y la que sabe bien cómo encajan horarios, intereses...

Carles, Rosa, Juan, Nacho y Miguel viven en esta rutina durante un año y medio, pasado el cual deciden cambiar el sistema. Ya no quieren vivir tan cerca el uno del otro y no tener una casa propia. Necesitan separar sus espacios privados el uno del otro. Carles le vende su parte de la casa a Rosa y alquila un piso cerca del colegio y no muy lejos de la urbanización. Rosa asume toda la hipoteca y vuelve a vivir definitivamente en el domicilio que antes compartía con Carles. Como consecuencia inmediata, y por primera vez desde que se separaron, los niños tienen que cambiar de casa.

Cada domingo se organiza una verdadera mudanza para llevar todo lo que necesitan los hijos de una casa a la otra. Necesitan un monovolumen entero para transportarlo todo y mucha concentración para no olvidar nada y tenerlo todo a punto. No es lo mismo un hijo pequeño que tres hijos con edades que van de los siete a los quince. Estos niños necesitan uniformes de colegio para toda la semana, chándales, equipaciones deportivas —ya que juegan los tres en un equipo de baloncesto—, instrumentos musicales porque estudian en el conservatorio, libros... Los niños no tienen nada duplicado, ya que siempre han vivido en la misma casa y la de Carles está vacía. Es Rosa la que se encarga de todo el proceso de selección de lo que se tienen que llevar y es incluso ella con su coche la que lo lleva todo de un sitio a otro.

No sabemos si hubieran seguido así mucho tiempo o hubieran acabado duplicando muchas cosas como han acabado haciendo otras familias porque a los cuatro meses a Carles su empresa le destina en Los Ángeles (Estados Unidos).

El nuevo destino de Carles hace tambalearse los acuerdos alcanzados. Obviamente es difícil ir y volver a Estados Unidos cada semana, obviamente es difícil hacer un reparto sea el que sea con la madre en España y el padre en Estados Unidos (pero, quién sabe, puede que haya gente que haya logrado hacerlo. El objetivo de este libro no es mostrar lo que no se puede hacer sino lo que se puede hacer).

A priori, el destino de Carles es temporal y será de solo dos años. A los dos años volverá y en principio retomarán las cosas dónde las dejaron. Carles tiene miedo de que en su ausencia las cosas cambien de manera irreversible y de que pueda perder la custodia de sus hijos. Él y Rosa han firmado un acuerdo ratificado por un juez en el que están escritos sus derechos y sus responsabilidades. La ausencia de Carles durante esos años podría verse como una violación del acuerdo y podría permitir a Rosa denunciarle y conseguir la custodia. A Rosa eso no se le pasa por la cabeza, pero como él insiste firman un acuerdo privado en el que ella se compromete a no cambiar la custodia y a mantenerla compartida durante los dos años que él está fuera aunque de hecho sea ella la que esté casi todo el tiempo con los niños.

Cuando llega el día de la partida, Carles se desprende de su piso alquilado y los hijos vuelven al antiguo domicilio familiar. A partir de este momento los hijos van a vivir casi todo el año con Rosa, quitando algunas semanas al año que van a ver a su padre a Estados Unidos o que su padre vuelve a España.

Como ahora los niños viven siempre con Rosa, Carles y ella modifican el régimen económico. Al haber pactado una custodia compartida y tener unos salarios similares, ellos decidieron poner la misma cantidad en una cuenta común: 1600 € cada uno para pagar de ahí todo lo relacionado con los hijos. De esa cuenta salían: colegios, extraescolares, material, viajes, médicos… En la nueva situación Rosa tiene que ocuparse de muchas más cosas y además está mucho más ocupada con la crianza, así que deciden cambiar los porcentajes. Meten la misma cantidad total en la cuenta, pero en vez de pagarla a medias Rosa paga un tercio y Carles dos tercios. El sentido de la cuenta también cambia un poco porque ahora de esa cuenta también salen las actividades que realiza Rosa con los niños; actividades como ir con ellos al cine o a comer fuera o de excursión. Antes, esas actividades tanto Rosa como Carles las pagaban de su cuenta particular. Pese a estar lejos, Carles sigue teniendo acceso total a la cuenta, pero en el tiempo que lleva en Los Ángeles nunca ha fiscalizado u opinado sobre ningún gasto. Entre los dos hay confianza total en el tema económico.

Carles lleva ya dos años en Los Ángeles y lo que era un destino temporal parece que podría convertirse en un destino definitivo. Si bien su partida fue motivada por un cambio profesional, ahora Carles tiene una nueva pareja allí con la que construir una nueva familia. Hechos que suceden a miles de kilómetros de Rosa y los niños pueden determinar gran parte de su futuro. Como hemos dicho varias veces: la vida, que se abre paso y va cambiando las condiciones de contorno. No todo lo que va a pasar se puede prever. Difícilmente esta familia podía haber pensado hace dos años que Carles viviría en América y que tendría una nueva pareja.

¿Cómo vamos a hacer de la separación algo rígido y encorsetado con todas las cosas que pueden suceder en la vida?

Familia Amarillo: Papá se va a América

Edad actual de los hijos:
18, 13 y 10 años
Edad en la separación:
15, 10 y 7 años

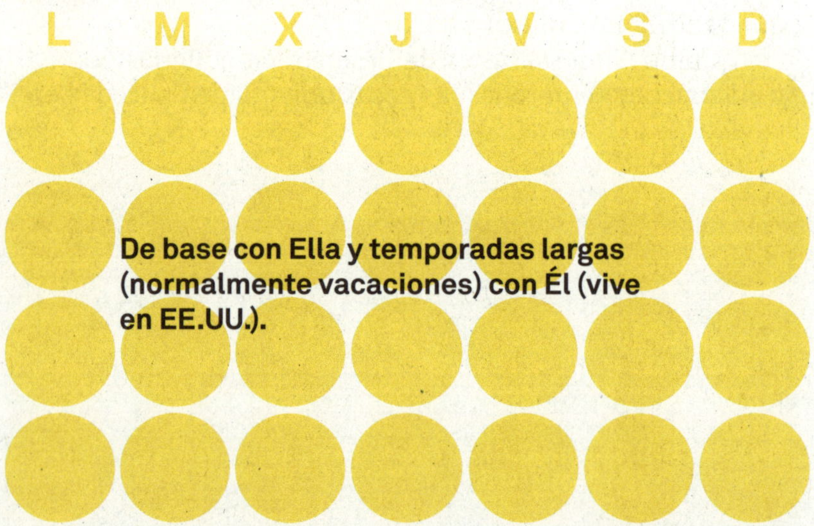

De base con Ella y temporadas largas (normalmente vacaciones) con Él (vive en EE.UU.).

Ella+Él: Propiedad de ambos

Ella: Se queda en la casa comprando la parte de Él

Él: Se va a EE.UU.

Ella: Pone 1.100€ en cuenta común

Él: Pone 2.200€ en cuenta común (está menos tiempo)

Familia Turquesa: Vivo con mamá y a veces viene papá

Hoy en día la movilidad de la gente es mucho mayor de lo que era hace unos años. Los dos miembros de la pareja suelen trabajar y no es tan raro que lo hagan en diferentes ciudades.

Marcos y Patricia tienen una hija de 6 años, Nadia. Los dos tienen trabajo fijo, un trabajo vocacional, que les gusta y al que no quieren renunciar. Un trabajo al que no han renunciado a pesar de que les ha hecho pasar mucho tiempo separados. Marcos es entrenador de un equipo de balonmano que compite a nivel internacional y Patricia es enfermera. La complejidad de su situación viene del hecho de que sus trabajos se hallan a cuatrocientos kilómetros de distancia, cada uno en una ciudad diferente. Ni siquiera el nacimiento de su hija Nadia hizo que los dos se pusieran a trabajar en la misma ciudad. Tenemos que admitir que el trabajo de Marcos es peculiar y que no le sería fácil cambiar de ciudad y encontrar un trabajo parecido al que tiene y que por lo que nos cuenta Patricia el trabajo es para ambos algo más que una manera de ganarse la vida. Marcos, Patricia y Nadia tienen una vida familiar que, aunque parezca un poco inusual, es más común de lo que parece hoy en día y, sobre todo, es a la que ellos han llegado, la que han consensuado. A veces nos olvidamos de que la vida familiar antes de la separación ya está llena de consensos. Parece que con la separación muchos problemas aparecen como surgidos de la nada, pero la verdad es que aunque de manera casi implícita, subterránea, en la vida en común de la familia previa a la separación ya hay mil discusiones, mil consensos, mil equilibrios, y problemas como el reparto del tiempo dedicado a los hijos o la responsabilidad económica o la elección del lugar donde vivir ya están presentes en la familia unida. Lo que ocurre es que muchas veces los acuerdos son tan sencillos que casi no parecen acuerdos: los trabajos de la madre y el padre suelen estar cerca, el padre y la madre suelen dormir juntos todas las noches, los hijos van al colegio y tienen un ritmo regular durante la semana, el fin de semana se dedica a actividades familiares…, pero eso no implica que no se hayan adoptado muchos consensos y que esos consensos a pesar de la buena disposición y el amor no hayan sido problemáticos o no hayan causado disputas.

En casos como el de esta familia, las cosas de la vida hacen que tengan que trabajar a distancia y que no puedan verse todo lo que desean. Nadia vive con su madre cerca de la ciudad donde ella trabaja y Marcos va y viene. Durante seis años esa situación se mantiene: Marcos va y viene, hacen planes juntos, coinciden fines de semana, intentan coordinar el calendario del equipo de balonmano con el horario de Patricia…

Un día deciden separarse. Patricia tiene una casa en un pueblo pero los tres viven de alquiler en la ciudad. Marcos tiene un piso alquilado en la ciudad donde trabaja. Cuando se separan él deja de quedarse a dormir con ellas cuando va a ver a Nadia y va a la casa en el pueblo propiedad de Patricia.

Nadia al notar el cambio de situación adivina lo que está pasando y se lo pregunta a Patricia:

—¿Os vais a divorciar?

—Probablemente —le responde Patricia.

El papeleo de la separación y el divorcio se alarga casi dos años pero ellos consensúan todos los aspectos que tienen que ver con Nadia mucho antes. En este caso, al contrario que en el anterior, la distancia entre los dos domicilios sí les parece que imposibilita una custodia compartida. Patricia es de facto la que más se ocupa de todo lo relacionado con Nadia ya antes de la separación, así que deciden consensuar una custodia monoparental. Es Patricia la que asume entonces toda la responsabilidad informándole a Marcos de todo, preguntándole su opinión, pero decidiendo ella. Ninguna de las cuestiones referentes a la vida cotidiana de Nadia revela grandes problemas. Los dos están de acuerdo en casi todo, quieren la misma crianza para su hija, la misma educación…

Su dificultad estriba en la imposibilidad de determinar un régimen de días estable de Nadia con cada uno de ellos. Los dos tienen horarios muy variables que no pueden prever con mucha antelación, sobre todo Marcos, y la distancia entre ambos hace que no puedan improvisar. Como no pueden cuantificar con antelación el reparto de días que pasa cada uno con Nadia deciden firmar un acuerdo base aunque luego por su cuenta lo flexibilicen. Firman un acuerdo tipo de custodia materna con fines de semana alternos, una tarde a la semana y la mitad de las vacaciones para el padre. Ya en el momento de firmarlo saben que es imposible que lo cumplan, porque Marcos no puede materialmente pasar una tarde a la semana con Nadia ya que vive a cuatrocientos kilómetros de ella.

Para ellos el acuerdo firmado es una garantía, una base, pero en realidad lo que hacen es sentarse cada tres meses a discutir el calendario trimestral donde exponen sus diferentes problemas: fines de semana de trabajo, viajes al extranjero… Lo único intocable es el horario de Nadia que comprende tanto sus obligaciones escolares como las extraescolares. Por encima de otros criterios, ellos han priorizado la estabilidad de Nadia y no quieren que el régimen de visitas afecte a su vida cotidiana. Si por ejemplo Marcos tiene unos días libres no puede aparecer de repente y romper la rutina de Nadia y hacer que falte al colegio o a sus actividades complementarias. De hecho es Nadia la que está muy contenta con su vida cotidiana y la que es más reacia de los tres a que cambie su rutina. Su madre cuenta que aunque después se lo pase bien yendo por ahí con su padre, a ella le gusta estar en casa, ver a sus amigas, etc.

Marcos por su parte intenta compensar los días sueltos en los que no puede ir, agrupándolos en periodos más largos como las vacaciones. La pega que eso tiene es que aunque en vacaciones pase mucho tiempo con Nadia, durante el año a veces llega a estar dos meses sin verla.

Estas «ausencias» son la mayor fuente de tensión entre Marcos y Patricia, porque por una parte tienen que ser discutidas cada tres meses sin que se pueda hacer nada por evitar ese conflicto, y por otra Patricia se ve un poco atada de manos, como si no tuviera el control de la situación. Le parece que Marcos se desconecta mucho de la vida cotidiana de su hija y que esa desconexión no puede sino retroalimentarse y hacer que cada vez la vea menos. La única solución sería aplicar a rajatabla el acuerdo firmado y exigir perjuicios o quejarse legalmente de incumplimiento por parte de alguno de los firmantes, pero a pesar de la tensión y de lo difícil que es cada tres meses llegar a acuerdos, la alternativa pasa por meterse en demandas y juicios, lo que no está muy claro que contribuyese a arreglar el problema y a que Nadia fuese más feliz. Así que a pesar de que reconocen muchas veces «quemarse», intentan cada tres meses encontrar una manera mejor de hacer las cosas.

¿Cuánto puede durar este equilibrio?

Es imposible saberlo. Podrían vivir años así o estallar dentro de tres meses. En este caso, al contrario que en otras de las familias comentadas hay un foco de tensión muy claro y definido y que no parece que pueda resolverse fácilmente. Consensuar un acuerdo no significa eliminar todas las tensiones. A veces consensuar quiere decir admitir que algo que no nos gusta va a seguir estando allí, porque no siempre la solución más satisfactoria para toda la familia está exenta de renuncias. Es una cuestión de balance. Algo tiene que aportarle a Patricia la situación actual para que la admita a pesar de tener la impresión de estar siempre cediendo. Pero esos equilibrios nunca se sabe lo estables que van a ser.

Patricia nos confiesa que cuando ella firmó el acuerdo sabía que no era realista, pero esperaba que Marcos hiciera un esfuerzo mayor, esperaba que fuera más a ver a su hija, que se involucrara más en su vida aunque fuera a distancia. Una parte de Patricia está cansada y le gustaría que las cosas fueran de otra manera, sobre todo ahora que tiene una nueva pareja y echa de menos estar a solas para poder hacer cosas con ella sin tener que recurrir a canguros que cuiden de Nadia. Pero conoce muy bien a Marcos y sabe que no va cambiar, sabe que él tiene esa visión de la paternidad y que ya no es su marido. Ya no puede ni quiere intentar cambiarle.

Lo curioso es que Patricia, después de contarnos todo esto no puede evitar sonreír y decirnos:

> *Al final parece que me quejo un poco de más. No me quejo, ¡eh!, que estoy feliz y contenta. Creo que dentro de lo que cabe tengo mucha suerte y que Nadia crece sana, alegre y sin traumas ni malos rollos, que es lo que importa. Que aunque unos hacemos más que otros, todos queremos lo mejor para ella.*

Familia Turquesa: Vivo con mamá y a veces viene papá

Edad actual de la hija: 11 años
Edad en la separación: 6 años

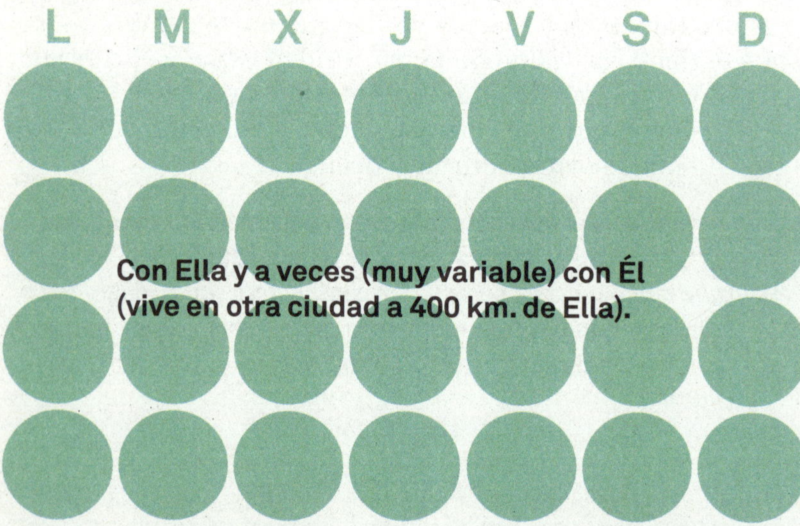

Con Ella y a veces (muy variable) con Él (vive en otra ciudad a 400 km. de Ella).

Ella+Él: Cada uno su alquiler (viven en ciudades diferentes)

Ella: Se queda de alquiler

Él: Se queda de alquiler

Ella: Paga gastos cuando está con Ella

Él: Pensión fija y extras variables (está menos tiempo)

Familia Marrón: Probando, probando

La familia Marrón está en plena vorágine. Hace cuatro meses que han empezado su proceso de separación y no han llegado todavía a consensuar un acuerdo. Están en ese punto en que los problemas se mezclan y se superponen sin que se vea muy claro cómo acabará todo.

Para nosotros era muy importante mostrar la historia de una familia que está empezando su proceso de separación y mostrar cómo se vive ese proceso, cómo se ven las cosas antes de llegar a tierra firme (si es que alguna vez se llega a tierra firme).

Cuatro meses son mucho y son poco, según se mire. Poco para todos los años que han pasado Paco y Estel juntos, poco para construir una nueva vida, poco para que sus hijos de seis y ocho años —Álex y Pau— se acostumbren a la nueva realidad. Mucho, sin embargo, para discutir, para elaborar estrategias, para sentarse y ver por dónde tirar. Paco y Estel han resuelto algunos problemas, otros no, han dado pasos adelante, han retrocedido… pero lo que trasmiten por encima de todo es la seguridad que tienen de que el proceso acabará bien, de que encontrarán una buena manera de hacer las cosas y de que, cuando todo acabe, van a tener una buena relación. A pesar de tener todavía cuestiones importantes sobre la mesa, a pesar de tener cercano el momento de la ruptura, no dudan de que llegarán a un acuerdo. No sabemos si las otras familias compartían este optimismo, pero no cabe duda de que si de verdad tienes fe en que vas a alcanzar un acuerdo es más fácil que lo alcances.

Y eso que la situación de Paco y Estel no es sencilla. El mayor problema al que se enfrentan no son las diferencias entre ellos, ni la rabia, ni conflictos de intereses. El enemigo de esta pareja es un enemigo exterior a ellos que no es otro que la situación económica.

Pero vayamos por partes. En cuanto deciden separarse, Paco y Estel se lo dicen a Álex y a Pau. Quieren que sean los primeros en enterarse. No quieren que la información les llegue por otras fuentes. Durante lo que llevan de proceso su actitud ha sido la de compartir con ellos todo lo que iba sucediendo para que nada les pillase desprevenidos. Tanto Paco como Estel consideran que la edad no es una razón para hacer las cosas a sus espaldas.

Desde el principio deciden que la custodia va a ser compartida, igual que lo había sido antes de la separación. Pero, ¿cómo dividir la semana? Al principio optan por dividir la semana en tres partes: dos días seguidos con uno, dos con el otro y los fines de semana alternos. Empiezan así, pero no les convence. Como nos cuenta Estel:

> *Tanto para Álex, el menor de los hermanos, como para mí era demasiado tiempo sin vernos. Nos echábamos mucho de menos. Así que decidimos que hasta que nos acostumbrásemos los cuatro era preferible partir también el fin de semana. Y así lo hicimos. ¿Cuánto durará este reparto? Es difícil de prever. Yo no sé otra gente, pero para mí es muy difícil imaginar cómo me voy a ir sintiendo, cómo se va a ir sintiendo cada uno de los cuatro.*

Al partir los fines de semana el reparto queda de la siguiente forma: lunes y martes con Paco, miércoles y jueves con Estel, viernes con Paco, sábado y domingo mañana con Estel y domingo tarde con Paco.

Los niños cambian bastante durante la semana y además este calendario —en palabras de Paco— es muy flexible y hay numerosas excepciones. El resultado es que los cuatro están un poco confusos y hay días que Pau y Álex no saben muy bien dónde van a dormir o que incluso Paco y Estel no tienen claro con cuál de ellos van a dormir los niños. Aparentemente los niños no lo llevan mal, pero también es cierto que no llevan todavía mucho tiempo así.

Además, estén a gusto o no van a tener que cambiar pronto de acuerdo. Paco es consultor de sistemas y en el momento en el que escribimos estas frases está a punto de entrar a trabajar en una nueva empresa. Va a tener un horario laboral más exigente y eso le va a obligar a redefinir el acuerdo con Estel para poder conciliar su trabajo con la custodia de sus hijos.

Los horarios de trabajo de Estel y Paco son uno de los factores más importantes a tener en cuenta para encontrar una solución (igual que lo han sido en gran parte de las familias que han contribuido a este libro). Ninguno de los dos va a tener un horario flexible y en esa cuestión no tienen mucho margen de maniobra. Tendrán que adaptar el acuerdo a sus horarios de trabajo.

Hay, sin embargo, otros factores en los que ellos sí pueden influir y que también van a ser importantes para llegar a un acuerdo. Por una parte Paco quiere llegar a una solución sencilla. No quiere estar cada día de la semana pensando si ese día tiene que recoger a sus hijos o no. Quiere que sea algo claro, sencillo, fácilmente memorizable. A Paco le parece que la solución actual es muy compleja tanto para él como para sus hijos y que a todos les cuesta situarse en la semana. Él preferiría una custodia del tipo semanas alternas. Aunque admite, y es muy sincero haciéndolo, que no sabe si podría aguantar una semana entera ocupándose él solo de Alex y Pau. Es curioso que hayan sido tres padres —Paco, Manuel de la familia Azul y Jaime de la familia Rosa— los que hayan confesado que les cuesta aguantar la semana entera ocupándose de sus hijos. Ninguna madre ha confesado nada así. Al contrario, son varias las que han dicho que no aguantaban una semana sin ver a sus hijos. Estel tampoco quiere pasar mucho tiempo sin ver a sus hijos. A ella le parece que una semana es demasiado. Ella no quiere pasar más de tres días sin verlos.

Argumentos que parecen tirar cada uno hacia su lado. Argumentos que parecen difíciles de conciliar, pero, como hemos dicho antes, Estel y Paco están seguros de que encontrarán una solución.

¿Cuál?

¿Alguna de las que hemos visto en este libro?

¿Otra diferente?

Todavía es imposible saberlo. Tienen que resolver muchas cuestiones antes de encontrar la solución definitiva. El problema de la vivienda por ejemplo. Cuando deciden separarse, están los dos viviendo en una casa cuya hipoteca pagan a medias. En el momento de dar el paso de la separación física, a Estel le surge la posibilidad de irse a un piso de una amiga. Estel se va y pasa unos meses allí. Durante esos meses los niños van del antiguo domicilio familiar donde ahora vive Paco (y cuya hipoteca siguen pagando los dos) a ese piso, y luego de vuelta. Además, van y vienen en el coche familiar porque Estel y Paco todavía comparten el coche que tenían cuando vivían juntos y se lo van pasando el uno al otro. El coche se lo queda el que está con los niños.

Esa etapa dura unos meses y acaba cuando la madre ya no puede disponer de ese piso. En ese momento cambian el sistema que empleaban. Ya que ninguno tiene claro a dónde va a ir a vivir y necesitan que esas dudas no desestabilicen a los niños, optan por dejarlos fijos en el domicilio familiar y ser ellos los que van y vienen. Ni Estel, ni Paco necesitan un piso entero equipado como el que necesitarían para vivir con Álex y Pau, así que Álex y Pau viven siempre en el domicilio donde solían vivir, y Paco y Estel duermen en esa casa cuando les toca con los niños y cuando no les toca se buscan la vida y duermen en casa de algún amigo o de sus padres. Recordemos que estamos en una etapa muy embrionaria de la separación todavía.

Esta fase de la familia Marrón está casi a punto de acabarse no solo porque Paco va a empezar a trabajar en una nueva empresa, sino porque Estel ha decidido irse de alquiler y ha encontrado un piso al que se mudará en cuanto empiece el próximo mes. De momento han decidido que Paco se quedará en el domicilio familiar y que Álex y Pau irán de una casa a otra.

Han tomado todas estas decisiones sin casi abordar la cuestión económica en su totalidad. Hoy todavía, cuatro meses después de separarse, Estel y Paco tienen una economía común. Los dos manejan libremente la misma cuenta y aun viviendo separados sacan de ella el dinero para lo que necesitan (de esa cuenta se pagan el alquiler de la casa de Estel y la hipoteca de la casa familiar) e ingresan en ella lo que cada uno gana. En su caso separar las economías no es fácil y tendrán que ver qué solución encuentran, porque la aportación a la economía familiar de uno y otro ha variado mucho en el tiempo que han estado juntos. En algunas épocas ha sido Paco el que ha aportado más dinero pero actualmente es Estel. Paco ha estado unos meses trabajando muy poco y ahora va a empezar a trabajar a jornada completa pero puede que lo haga durante solo un año. Con lo que iban ganando el uno o el otro podían mantenerse bien los cuatro, pero con lo que ingresa ahora Estel no podrían mantenerse los dos por separado. Tampoco les parece justo que Paco —que ahora está en peor situación económica, pero que otros años ha sido el que más aportado— se quede ahora o dentro de un año cuando se le acabe el contrato sin ningún aporte económico. Como hemos visto en los casos anteriores, los acuerdos económicos son siempre muy subjetivos y difíciles de estimar desde fuera. A saber a qué acuerdo llegan Estel y Paco.

Lo que sí han decidido es postergar la separación de las economías hasta ver cómo resuelven todo lo demás. De momento tienen demasiadas incertidumbres. A medida que vayan cerrando cuestiones como quién se queda en la casa familiar definitivamente y quién se hace cargo de la hipoteca, podrán precisar más la cuestión económica.

Cuánta incertidumbre, ¿no? Incertidumbre laboral, sentimental, económica. La incertidumbre es hoy en día un factor ineludible tanto para las familias que se separan como para las que no, pero no hay duda de que para las primeras es un plus añadido de dificultad. ¿Cómo establecer un acuerdo duradero en medio de una realidad cambiante?

Esperamos que Estel, Paco, Álex y Pau encuentren la solución (o soluciones) a los diversos problemas en que se encuentran inmersos, y que no pierdan la confianza que tienen en sí mismos.

Pequeño catálogo de caminos posibles

El reparto de los días

Once casos. Once historias. Once opciones de custodia. Algunas parecidas, otras no. Esperamos que el lector haya podido entender el camino escogido por cada familia y los factores que más han influido en su decisión. Aunque —como los mismos entrevistados nos solían comentar cuando les hacíamos la pregunta: «¿Por qué elegisteis ese modelo de custodia?» — no siempre tenían muy claro por qué lo habían hecho. Y cuando les pedíamos que alargaran un poco su respuesta, que la pensaran bien porque para nosotros era una información muy valiosa, nunca acababan plenamente convencidos de ella. Ninguno sabía exactamente las razones que le habían llevado a esa custodia y no a otra. Sí que sabían a grandes rasgos por qué, pero había algo azaroso en el proceso, o algo de probar una solución que a otro amigo le hubiera funcionado bien. Decimos esto porque aunque cada familia ha buscado su camino personal, eso no quiere decir que la determinación de la custodia sea un proceso exacto, matemático, sino que tiene mucho de instintivo, de humano. A algunas familias les parecían impensables custodias que otras familias con situación parecida habían elegido sin saber muy bien por qué. Que el camino de cada familia tenga que ser personal no quiere decir que tenga que ser innovador u original o complejo; puede ser uno que alguien ya haya experimentado. Para nosotros, cada familia tiene que conocerse y analizarse bien para encontrar su camino, pero también tiene que saber que hay muchos caminos posibles y que inspirándose en ellos puede profundizar en su particularidad sin miedo, sin tener por qué conformarse con dos modelos preestablecidos.

El reparto de los días:

L	M	X	J	V	S	D
Ella	Ella	Ella	Ella	Ella	Ella	Ella
Él	Él	Él	Él	Él	Él	Él
Ella	Ella	Ella	Ella	Ella	Ella	Ella
Él	Él	Él	Él	Él	Él	Él

L	M	X	J	V	S	D
Él	Él	Ella	Ella	Él	Él	Él
Él	Él	Ella	Ella	Ella	Ella	Ella
Él	Él	Ella	Ella	Él	Él	Él
Él	Él	Ella	Ella	Ella	Ella	Ella

L	M	X	J	V	S	D
Ella	Ella / Él	Ella	Ella / Él	Ella / Él	Él	Él / Ella
Ella	Ella / Él	Ella	Ella / Él	Ella	Ella	Ella
Ella	Ella / Él	Ella	Ella / Él	Ella / Él	Él	Él / Ella
Ella	Ella / Él	Ella	Ella / Él	Ella	Ella	Ella

L	M	X	J	V	S	D
Ella	Ella	Ella	Ella	Ella	Ella	Ella
Él	Él	Él	Él	Él	Él	Él
Ella	Ella	Ella	Ella	Ella	Ella	Ella
Él	Él	Él	Él	Él	Él	Él

L	M	X	J	V	S	D
Ella	Él	Ella	Ella / Él	Ella	Él	Él
Ella	Ella / Él	Ella	Él	Ella	Ella	Ella
Ella	Él	Ella	Ella / Él	Ella	Él	Él
Ella	Ella / Él	Ella	Él	Ella	Ella	Ella

L	M	X	J	V	S	D
Ella	Ella	Él	Ella	Ella	Él	Él
Ella	Ella	Él	Ella	Ella	Él	Él
Ella	Ella	Él	Ella	Ella	Él	Él
Ella	Ella	Él	Ella	Ella	Él	Él

L	M	X	J	V	S	D
Ella	Ella	Ella	Ella	Ella	Ella	Ella
Ella	Ella	Ella	Ella	Ella	Ella	Ella
Él	Él	Él	Él	Él	Él	Él
Él	Él	Él	Él	Él	Él	Él

L	M	X	J	V	S	D
Ella	Ella	Él	Él	Ella	Ella	Ella
Ella	Ella	Él	Él	Él / Ella	Él	Él
Ella	Ella	Él	Él	Ella	Ella	Ella
Ella	Ella	Él	Él	Él / Ella	Él	Él

L M X J V S D

De base con Ella y temporadas largas (normalmente vacaciones) con Él (vive en EE.UU.).

L M X J V S D

Con Ella y a veces (muy variable) con Él (vive en otra ciudad a 400 km. de Ella).

Por eso hemos recopilado en el gráfico de la página anterior el reparto de los días elegido por las familias: para que el lector pueda ver resumidas las opciones elegidas por la gente que aparece en este libro. Hemos elegido poner el modelo actual aunque muchas familias han pasado por distintas fases, pero esperamos que eso ya haya quedado claro en el capítulo anterior. Como la familia Marrón está todavía en plena evolución no la hemos reflejado en el gráfico.

Diez familias. Diez realidades. Diez consensos.

Si hay una cosa que queda clara al ver este gráfico es que no hay ninguna regla general. Cada una de las familias tiene una realidad diferente y eso conlleva la adopción de un acuerdo diferente entre padre y madre. En algunos casos es la distancia entre la madre y el padre la determinante, en otros la edad de los niños (ya sea porque son pequeños o porque son mayores), en otros los compromisos laborales o incluso las ganas de estar presente en la crianza del hijo y priorizarla. Lejos estamos de los estereotipos de los que tanto abusa la prensa al hablar tanto de custodia compartida como de monoparental, del «me quiere robar a mi hijo» o del «no me deja ver nunca a mi hijo». Porque además de lo reflejado en este gráfico hay algo más, algo que no hemos transcrito en él pero que es una generalidad, que es que en los once casos recogidos nos han confirmado que cuando el adulto al que no le toca estar con el niño quiere verlo por alguna razón no se le suelen poner problemas. En muchos de los casos al producirse la separación padres y madres echan mucho de menos a los niños (a veces el padre, a veces la madre) y necesitan verlos más de lo que luego los verán cuando la separación se estabilice. En todos los casos hemos visto que a pesar de las pocas ganas que tenían padres y madres de verse, han hecho lo posible por satisfacer esta demanda. Todo eso sin contar las veces que cuando por algún problema laboral o personal el uno le ha pedido al otro algún cambio.

En general las familias creen que son más flexibles de lo necesario. Varias de las familias lo mencionan en sus entrevistas y cuentan que su problema es más disciplinarse ellos con los días para no marear a los hijos que estar cerrados a cualquier tipo de cambio. Por lo que nos han contado, a pesar de que en principio cabe la posibilidad siempre de hacer algún cambio, muchos de los entrevistados hacen lo posible por no pedirlos. En parte para no alterar la rutina de los niños, pero también para no pedir demasiados favores al otro. Hay una regla no escrita que es que cuantas menos cosas haya que discutir mejor. Hay que guardar las discusiones para los casos realmente importantes.

Los cambios obligan a la madre y al padre a mantener un diálogo fluido y a seguir en contacto (trataremos este tema más tarde en otro capítulo) y esta necesidad de diálogo es extensible a la distribución de los días en vacaciones.

Vacaciones

En la mayoría de los casos en vacaciones se altera sustancialmente la distribución de los días con cada adulto, ya sea para adaptarse al horario vacacional de los hijos como a los proyectos veraniegos, viajes, etc. Veamos a grandes rasgos como lo resuelve cada familia:

Familia Azul: Cada año es diferente porque deciden el reparto dependiendo, principalmente, de las vacaciones de los padres y de los viajes previstos.
Familia Naranja: Intentan seguir con el orden habitual siempre que pueden (puentes, semana santa...). Solo lo cambian en verano dividiendo Julio en semanas y Agosto en dos quincenas y eligiendo cada verano uno de los dos el orden.
Familia Violeta: Al principio dividían las vacaciones en semanas, pero siempre cambiaban antes de que

se acabara la semana porque Nora lo demandaba. A medida que ella se acostumbraba a pasar periodos más largos con su padre, fueron ampliando hasta el reparto actual que es por quincenas.
Familia Rosa: Al igual que en el caso de la Familia Azul, no hay nada marcado, lo hablan cada vez.
Familia Rojo: Siempre que pueden intentan mantener la estructura habitual. Aunque eso sí, con más flexibilidad. Solo en Agosto cambian y hacen semanas alternas.
Familia Gris: No tienen un reparto fijo y cada año lo organizan como pueden. El padre, por ejemplo, el año pasado tuvo vacaciones en marzo y en noviembre. Eso sí, por ahora nunca están con el padre más de una semana.
Familia Verde: La estructura de quincenas no la modifican nunca.
Familia Fucsia: Cada año lo hablan intentando hacer un reparto equitativo.
Familia Amarillo: La organización de las vacaciones depende mucho de las vacaciones del padre. Cuando tiene los niños van a verle y él también viaja dos veces al año a España.
Familia Turquesa: Las reparten intentando que los periodos con el padre se alarguen para compensar los días que no puede estar durante el año.

Una vez más, un poco de todo y difícil sacar alguna conclusión. Solo dos tendencias más o menos marcadas. La primera es que los periodos con cada adulto se suelen alargar estando cada uno de ellos más tiempo seguido con las hijas o los hijos. Solo la familia Verde no altera para nada su reparto de días ni en verano ni para la celebración de ningún festivo.

La segunda tendencia importante es que salvo —una vez más— la familia Verde, todas las demás familias tienen que acordar previamente el reparto de las vacaciones cada año. No tienen un reparto establecido y tienen que rediscutirlo.

El mayor problema que las vacaciones presentan a las familias separadas no viene tanto del hecho de su separación como de la divergencia entre el calendario escolar y el calendario laboral de la mayoría de los trabajos, pero este problema también lo tienen las familias que permanecen unidas. Incluso en el caso de familias separadas, al no tener que coger el padre y la madre las vacaciones a la vez para coordinar a toda la familia, pueden cubrir más fácilmente la extensión de las vacaciones veraniegas.

El problema de las vacaciones se vuelve más complejo para algunas de estas familias porque varios de los padres y madres que han participado en este libro tienen nuevas relaciones con otros padres y madres, muchas veces también ellos y ellas separados y con hijos. Nos encontramos ante el problema de coordinar las vacaciones de cuatro personas y no de dos y esto requiere mucha más organización y mucho más diálogo. Pero el tema de las familias reconstituidas excede el objetivo de este libro y merecería un tratamiento más detallado. Quién sabe, quizá en breve nos pongamos a ello.

La cuestión económica

La cuestión económica es una de las que más suele preocupar a la gente en casos de separación. Se oyen muchos comentarios negativos sobre padres que no pagan sus pensiones, madres que se quedan con la casa y dejan a los padres en la calle y con lo puesto, luchas cotidianas sobre quién paga cada cosa o sobre quién se aprovecha. Nosotros nos hemos encontrado con familias que a pesar de sus diferencias han llegado a diferentes consensos que les han permitido seguir adelante teniendo una relación cordial. Es cierto que el tema económico es un tema delicado y que en las entrevistas hemos podido constatar que siempre hay diferencias. Siempre hay alguno que cree que compra más ropa que el otro o que tiende a pagar más gastos extraordinarios. Pero, ¿no sucede eso también en las parejas que no se han separado? ¿No hemos oído todos discusiones de parejas sobre dinero? Miembros de la pareja que acusan al otro de gastar demasiado en algo o de ser muy rácano o incluso de ganar poco dinero. Si cuando una pareja está bien puede discutir por dinero es normal que también una pareja separada lo haga. Y más si tenemos en cuenta dos cuestiones: la primera es que la situación es más compleja porque se pasa a vivir en dos casas, cada una con su régimen y su nivel de vida y hay gastos que se duplican y otros que hay que consensuar desde dos realidades diferentes. La segunda es que normalmente la separación lleva asociada una pérdida de poder adquisitivo por parte de los dos medios. Valga para ilustrar esto una noticia que se ha hecho pública en los medios de comunicación y en la que el Instituto Nacional de Estadística comentaba que la crisis había provocado una disminución de los divorcios porque las parejas no podían permitirse el coste de una separación. La dificultad que entraña hoy en día vender una casa o incluso estimar su valor para hacer cualquier tipo de acuerdo económico hace que muchas veces la madre o el padre tengan que quedársela aunque quieran deshacerse de ella.

Para exponer mejor la información obtenida de las entrevistas respecto a la cuestión económica hemos construido dos gráficos. En el primero está toda la información referida a la vivienda familiar que suele ser una parte importante del patrimonio familiar. En el segundo hemos consignado la información relativa a los acuerdos económicos entre padres y madres.

Como podemos ver en el primer gráfico, las soluciones adoptadas son muy diferentes. Hay familias que se desprenden del antiguo domicilio familiar y se dividen el dinero, padres y madres que le compran su parte de la casa al otro, parejas que hacen un acuerdo económico global intercambiando negocio y casa. Si estudiáramos más casos seguro que descubriríamos nuevas realidades.

La única conclusión que podemos afirmar casi con certeza es que el viejo tópico de que la madre se queda con el piso familiar por derecho y sin pagarle al padre es falso en estos casos. En casi todos los casos los acuerdos sobre la casa son parte de acuerdos más globales en los que se tienen en cuenta factores difícilmente cuantificables como: las ganas que tenga uno de los dos de salir de esa casa o el apego que le tenga, o la capacidad económica que tenga para comprarle su parte al otro, o la capacidad que tenga de pagar un alquiler o si tiene otro sitio donde ir o si la casa está cerca del colegio o en una urbanización donde tienen a todos sus amigos…

La manera en la que se solucionan los demás temas económicos es también compleja y suele ser parte de un acuerdo global que tiene en cuenta parámetros cuantificables y otros que no lo son.

Diez familias que se separan y se convierten en veinte, cada una con su nivel de vida, con sus ingresos, sus gastos y su realidad. Como la vida misma. Algunas viven con lo justo, otras holgadamente, algunas ganan mucho y gastan mucho, algunas ganan poco y gastan poco... En nuestra búsqueda de las familias hemos buscado esa diversidad. Aunque esto no es un estudio estadístico, hemos querido que hubiera gente de muchos niveles económicos diferentes, situación profesional, etc.

Una vez más, como en el caso anterior, al analizar el segundo gráfico es difícil generalizar, es difícil sacar conclusiones rápidas. Uno podría decir que las parejas que al separarse comparten la custodia al cincuenta por cien ponen la misma cantidad de dinero y en las que no es así el que menos está con los hijos pasa una pensión, pero no siempre es así. A veces uno pone más dinero porque tiene más o porque tiene un interés especial en que su hijo o hija haga alguna actividad o algún viaje caro.

Una cuestión que reaparece en el momento de la separación es que cuando la familia estaba unida tenía un nivel de vida común fruto de un acuerdo entre los ingresos de la madre y los del padre así como de los gastos totales. Al separarse la familia se puede dar que los ingresos entre padre y madre sean muy diferentes y que el nivel de vida de las familias resultantes sea muy diferente. ¿Cuál va a ser el estatus económico de los niños?

Es curioso que siempre nos planteemos estas cuestiones en temas económicos, cuantificables. Nadie se plantea en qué casa va a ser mejor tratado el niño, en qué casa le van a abrazar más o escuchar más. En una casa le abrazarán más, en otra tendrá una habitación más grande, en una tendrá Wii y en otra podrá salir hasta más tarde.

Lo cierto es que es difícil cuantificar los gastos y dividirlos con rigurosidad. Ninguna de las familias entrevistadas ha podido afirmar con rotundidad que

Vivienda familiar:

Ella+Él: Hipoteca a medias

Ella: Se queda en la que vivían (que siguen pagando ambos)

Él: Propiedad de Él

Ella+Él: Propiedad padres Ella

Ella: Se queda en la casa

Él: Se va de alquiler

Ella+Él: Propiedad a medias (que venden)

Ella: Se va de alquiler

Él: Nueva propiedad

Ella+Él: Hipoteca común (que se queda Él, comprando su parte a Ella)

Ella: Se va de alquiler

Él: Se queda en la que vivían

Ella+Él: Dejan casa de alquiler alto

Ella: Se va de alquiler

Él: Se va de alquiler

Ella+Él: Propiedad de Ella

Ella: Se va de alquiler

Él: De alquiler en casa de Ella

Ella+Él: Propiedad de ambos

Ella: Se queda la casa
(Él se queda los ahorros
y el negocio familiar)

Él: Se va de alquiler

Ella+Él: Hipoteca (campo)
y alquiler (ciudad) a medias

Ella: Se queda en la ciudad
(comparten alquiler)

Él: Se queda en el campo
(comparten hipoteca)

Ella+Él: Propiedad de ambos

Ella: Se queda en la casa
comprando la parte de Él

Él: Se va a EE.UU.

Ella+Él: Cada uno su alquiler
(viven en ciudades diferentes)

Ella: Se queda de alquiler

Él: Se queda de alquiler

Acuerdo económico:

Ella: Pone 250€ en cuenta común

Él: Pone 250€ en cuenta común

Ella: Paga gastos cuando está con Ella

Él: Paga gastos cuando está con Él

(Van pactando los extraordinarios)

Ella: Paga gastos cuando está con Ella y el 50% del cole

Él: Paga el 50% del cole + 300€ de pensión (está menos tiempo)

Ella: Pone 400€ en cuenta común

Él: Pone 400€ en cuenta común y da 600€ a Ella durante 5 años

Ella: Paga gastos cuando están con Ella

Él: 250€ de pensión (está menos tiempo)

Ella: Paga gastos cuando están con Ella

Él: Paga gastos cuando están con Él

Ella: Paga gastos cuando están con Ella

Él: Paga gastos cuando están con Él

(Pagan a medias los extraordinarios)

Ella + Él: Todo al 50% de lo que ganan con el negocio familiar

Ella: Pone 1.100€ en cuenta común

Él: Pone 2.200€ en cuenta común (está menos tiempo)

Ella: Paga gastos cuando está con Ella

Él: Pensión fija y extras variables (está menos tiempo)

no hay excepciones al acuerdo porque cada día van surgiendo gastos más grandes o más pequeños y la propia dinámica de la vida hace que no siempre sea cómodo hablar con el otro. En la vida estamos constantemente gastando dinero. Es probablemente la actividad que los seres humanos hagamos más en nuestra vida adulta. Hay gastos de manutención, colegios, extraescolares, viajes, ropa, juguetes, accesorios, libros, teléfono, internet, gasolina, muebles, cine, bares, ocio, aficiones, pediatra, biberones, dentista, canguro, moto.

Además, los gastos varían mucho con la edad. En estas familias tenemos un bebé pequeño que toma cotidianamente una medicina y un adolescente que tiene una moto, niños que van a colegio privado sin concierto y otros a colegio público. No es fácil meter todos esos gastos en el acuerdo firmado y tampoco decidir cuáles son superfluos y cuáles no, sobre todo desde la distancia, muchas veces telefónica. Nosotros hemos observado que incluso en padres y madres que han dejado casi todo zanjado y no se ven nunca, el tema económico reaparece y es el que les hace tener que discutir sobre quién paga qué o en qué cantidad. Una vez más el consenso no es algo que se firma y se olvida sino una realidad que va cambiando día a día y en lo económico como en todo lo demás la comunicación es muy importante.

A nivel práctico sí que observamos dos maneras de efectuar las transacciones económicas. La primera es una cuenta común en la que la madre y el padre ingresan dinero y van sacándolo cuando hace falta, aislando los gastos propios de los niños de los suyos propios y la segunda es el ingreso de dinero de un adulto al otro.

Aparte de eso, nada, quitando que en líneas generales todas las familias están satisfechas con su acuerdo económico y ninguna cree haber sido estafada o engañada por el otro, ni cree que haya ganado o perdido un combate.

Lo más curioso de este tema es que aunque las familias tienen muchas veces discusiones sobre quién paga tal o cual gasto o sobre si es pertinente gastarse dinero en determinado viaje o actividad cara —es decir, que aunque el tema económico sea uno de los que más veces salen en las conversaciones—, ninguna de las familias consultadas ha pensado que el tema económico pudiera ser un obstáculo real en el proceso. Para todas era importante pero sabían que llegarían a un acuerdo. Para todas encontrar el equilibrio en el reparto de los días era el tema realmente vital. Todas intuían que lo económico de una u otra manera se resolvería.

El aspecto legal

	Casados	Juicio	Convenio	Abogado común
Familia Azul	Sí	No	Sí	Sí
Familia Naranja	No	No	No	-
Familia Violeta	No	No	No	-
Familia Rosa	Sí	No	Sí	Sí
Familia Roja	No	No	No	-
Familia Gris	No	No	No	-
Familia Verde	Sí	No	Sí	Sí
Familia Fucsia	No	No	No	-
Familia Amarillo	Sí	No	Sí	Sí
Familia Turquesa	Sí	No	Sí	Sí

Diez familias, ningún juicio. Eso no quiere decir que no haya participado ningún juez en el proceso. Las cinco familias que han firmado un acuerdo legal han sancionado el acuerdo en un juzgado. Lo que ocurre es que no han necesitado ir a juicio porque han logrado ponerse de acuerdo en todos los puntos y someter al juzgado el acuerdo consensuado. Incluso en el caso más problemático que era el de la custodia compartida al cincuenta por cien de una niña de un año, hemos visto que los jueces han aceptado todos los acuerdos. Evitar el juicio no solo significa evitar gastos, tiempo y papeleo, quiere decir sobre todo evitar una confrontación pública que siempre es en cierta manera un combate en el que hay un ganador y un perdedor (o incluso dos perdedores) porque es el juez (un agente exterior) el que toma partido por una de las partes o incluso aporta una tercera solución que no es la que ninguna de las partes quería. Es difícil después de un combate salir sin heridas y es difícil saliendo herido reencontrarte con la persona que en el juicio se ha convertido en tu enemigo y hablar con ella de todos los temas que van surgiendo. Porque surgirán, surgirán nuevos problemas que no están recogidos en el documento firmado. Es imposible consignarlo todo de manera unívoca en un documento. Un documento firmado cuando la hija en común tiene un año difícilmente recogerá toda la problemática de esa hija cuando tenga cinco, ¿y cuando tenga quince?

Todas las familias, incluso las que han firmado acuerdos sancionados por el juez nos han confirmado que tienen que seguir pactando sobre situaciones nuevas que se producen y se salen de los límites del acuerdo firmado. Por tanto la firma de un acuerdo no le libra a nadie de seguir estando en contacto con la madre o el padre de su hijo. Es por ello por lo que un combate público con un juez no ayuda en nada sino que lo complica todo. Un proceso privado, con un abogado común en que las partes van poco a poco pero ellas solas definiendo el acuerdo siempre será más satisfactorio y favorecerá una futura relación. Dicho de otra manera: más vale aprender a consensuar desde el principio, porque es algo que van a tener que seguir haciendo hasta que los hijos sean independientes.

Un detalle que es imposible pasar por alto cuando se observa esta tabla es la gran cantidad de familias que no están casadas y que no firman un acuerdo escrito. Nosotros no nos atrevemos a sacar ninguna conclusión de este tema ya que no creemos que estas familias sean estadísticamente representativas. No tenemos estadísticas de cuánta gente con hijos no está casada, ni de cuánta entre toda la que se separa no firma un convenio. Este libro no es un estudio sociológico, sino más bien una «antología» de ejemplos. Lo que sí hemos visto es que no existe ninguna diferencia grande en el tipo de acuerdo alcanzado entre la gente que firma un documento y la que no. El hecho de firmar un documento parece que no afecta al contenido del documento. Tenemos familias que comparten la custodia y familias que optan por un modelo de custodia monoparental tanto entre los que firman como entre los que no firman. Tenemos pactos de días similares y del reparto de dinero también. No parece pues —aunque, como siempre, hablamos solo de estos casos— que la gente que firma un documento llegue a acuerdos diferentes de la que no los firma. Lo que sí tenemos es que dos de las familias que han firmado un acuerdo consensuado no lo cumplen del todo y lo utilizan más bien como un documento de mínimos o un acuerdo al que ceñirse si las cosas van mal, pero que no han dudado en alejarse de él si la vida les ha obligado a hacerlo. No tenemos ningún caso aquí en el que la pareja haya decidido cambiar el acuerdo volviendo a pasar por los juzgados.

Nosotros una vez más pensamos que lo mejor es que cada familia haga lo que crea que es mejor para ella. Habrá familias para las que es importante firmar un documento, otras para las que es casi más importante no firmar nada y confiar en la palabra dada. Que cada uno haga lo que crea que es más conveniente y lo que espera que les haga más felices a todos.

Otro detalle que no podemos pasar por alto es el hecho de que las cinco parejas que han firmado un documento de separación han utilizado un abogado común. No sabemos si esto es significativo, ni hemos encontrado ninguna estadística sobre ese tema. A priori podría parecer que con un abogado común es más sencillo llegar a un acuerdo (esa era un poco nuestra conclusión momentánea) pero parece ser que esto no es siempre así. O por lo menos eso es lo que nos ha contado

Sergio Martínez Llodrá, el abogado que ha colaborado en este libro y que nos ha explicado que a veces es más sencillo llegar a un acuerdo cuando cada parte tiene un abogado. También nos ha contado que en su experiencia no ha visto que los casos llevados por un abogado en común vayan mejor que los llevados por dos abogados.

Su apreciación sobre este y otros temas legales la hemos recogido en la parte final del libro denominada «Compañeros de viaje» en la que hemos querido profundizar en la manera de llegar a un acuerdo tanto a nivel legal como a nivel de comunicación entre la madre y el padre. Para ello contamos con la opinión de un abogado y una mediadora sobre temas como la necesidad o no de firmar un acuerdo o sobre la legalidad de los diferentes tipos de acuerdos o quién puede ayudar a una pareja a llegar a un acuerdo.

De hecho no nos gustaría quedarnos en este apartado del libro solo con el tema del «aspecto legal», ya que hay otro aspecto igual de importante que es el cómo se llega al documento o al acuerdo, cuál es la mecánica hasta que se llega a firmar ese documento que ratifica el juez o ese acuerdo privado entre el padre y la madre.

En el caso de que se opte por acudir a un abogado la dinámica está más o menos clara. Hay dos posibilidades: la primera es que el padre y la madre hablen y lleguen a un acuerdo y luego consulten con un abogado para llegar a la redacción final. La otra es que el padre y la madre no hablen directamente sino a través de sus abogados (o de un abogado común) y que ellos hagan de puente entre los dos presentando a cada uno las peticiones del otro. Obviamente estas dos posibilidades pueden solaparse y el padre y la madre pueden hablar entre ellos directamente a veces y otras a través de los abogados. En ambos casos hay como mínimo dos hitos claros: el primero es la redacción del acuerdo común que se va a presentar al juez y el segundo es cuando el juez lo aprueba y ese documento empieza a regir parte de sus vidas y la de sus hijos.

Pero en el caso de las parejas que no firman un acuerdo, ¿qué sucede? ¿No hay hitos fundamentales?

Por lo que hemos visto nosotros no se puede generalizar. Hay parejas que no firman documentos pero que también tienen su proceso y su día X y otras no. Por ejemplo, para una de las familias que aparece en el libro el día X fue un martes de enero cuando quedaron en un bar a comer un menú del día. Ese día concretaron todo lo que venían hablando. La madre decidió no anotar nada porque le parecía muy sencillo de recordar, y el padre sacó una libreta de apuntes y anotó lo que habían hablado pero no para que constara, sino para acordarse bien de todo. Sin embargo esta misma pareja nos comentó que a medida que empezaron a acordar cosas más complejas como días exactos de vacaciones o horas a las que llevaban al niño o le recogían o ciertos temas de ropa sí que empezaron a anotarlo todo y a enviarse toda la información por correo electrónico pero, una vez más, no tanto como prueba de nada sino para estar seguros de lo hablado y para que si un mes después de haber hablado de las vacaciones tenían una duda pudieran leer en algún lado lo que habían decidido hacer.

Otra pareja nos dijo que para ellos no había habido un día decisivo, que iban hablando de los diferentes aspectos: reparto de días, economía… y que iban tomando las decisiones una tras otra principalmente a través del correo electrónico. Hoy en día todo lo que deciden se lo envían por correo electrónico de manera que quede ahí registrado y fechado para que se pueda acudir a ello cuando haga falta.

Una vez más vemos que cada uno llega al acuerdo de una manera y que no hay una fórmula magistral ni un método para llegar a él y que incluso en la forma de construirlo y empezar a aplicarlo cada familia tiene que encontrar su manera ya sea con o sin abogado, firmando un documento privado, sin escribir nada, en un bar, a través del correo electrónico… Hay tantas maneras como situaciones. Lo que sí nos han trasmitido las familias es la necesidad de ir ajustando ese acuerdo o completándolo para adaptarlo a las nuevas situaciones que van surgiendo, de manera que incluso los que firman un documento tienen que llegar a acuerdos privados sin pasarlos por el juzgado sobre temas que muchas veces no estaban ni recogidos en el acuerdo inicial.

Las relaciones entre la madre y el padre después de la separación

Como se puede intuir por todo lo que hemos visto ya en este libro, la relación entre la madre y el padre cuando se separan sigue siendo importante. En unos casos más y en otros menos, pero en todos los casos quedan siempre cosas que hablar, cosas que pactar, cuestiones nuevas que los movimientos de la vida y el crecimiento de los hijos no dejan de plantear. Para verlo de manera más concreta, en los siguientes gráficos hemos querido diferenciar dos niveles de relación: primero las relaciones que incluyen a los hijos es decir, las veces que se juntan todos de nuevo para hacer cosas. Luego también hemos destacado la relación entre el padre y la madre al margen de los hijos, su relación de dos que obviamente ya no es de pareja, pero que sigue siendo una relación importante y aunque parezca irónico será mucho más longeva que la que tuvieron de pareja. Una relación de pareja dura lo que dura pero la de padre y madre —como se suele decir— es para toda la vida.

La primera conclusión que se puede extraer de este esquema es que en ninguno de los casos estudiados la relación entre el padre y la madre desaparece. Ya sea telefónicamente, ya sea por *mail*, por *Skype* o físicamente, padre y madre siguen en contacto. Eso sí en los diez casos estudiados el motivo de su comunicación son los hijos. Solo el caso de la familia Fucsia, en la que el padre y la madre trabajan juntos, se separa de este patrón. En los demás casos, la relación entre la madre y el padre se reduce a todo lo relacionado con los hijos y sus actividades, pudiendo tener un peso especial el colegio.

Otro aspecto que no está en este gráfico pero que hemos recogido es que la mayoría de las entrevistadas y de los entrevistados afirman que su relación con el otro ha mejorado bastante desde la separación. Varios

Actividades todos juntos:

Quedan los tres a veces para cenar o comer o ir al teatro o al cine, sobre todo en días festivos.

No quedan mucho. Desayunan los tres a veces cuando hacen el intercambio y se ven en las actividades del colegio.

A veces comen o cenan juntos.

Celebran los cumpleaños y algunas fiestas del colegio todos juntos. Solo quedan si están de buen rollo.

Quedan poco, pero algunas veces van a cenar o al cine o a la piscina.

A veces. En los cumpleaños por ejemplo o van al circo o comen todos juntos alguna vez.

No quedan nunca.
Una vez lo intentaron
y salió mal.

Hacen pocas cosas
juntos pero coinciden
mucho los cuatro
porque la casa en la
que vive la madre es
el espacio de trabajo
de los dos.

Ahora nunca.
Antes de que se fuera
a Estados Unidos
vivían al lado y se
veían más.

A veces van a
conciertos o a comer
juntos.

El diálogo entre Él y Ella (después):

Comen periódicamente los dos solos para hablar del hijo y hablan por teléfono casi a diario.

Hablan por teléfono cada vez que necesitan aclarar algo sobre su hijo y excepcionalmente (un par de veces al año) quedan para una conversación general más larga.

En los 3 intercambios semanales aprovechan para hablar y cuando no coinciden hablan por teléfono.

Hablan por teléfono habitualmente, sobre los hijas.

Comen juntos para hablar de las hijas cada 2 meses, hablan por teléfono puntualmente y utilizan mucho el correo electrónico.

Hablan por teléfono y quedan para comer cuando hay algún tema importante que tratar.

A veces, pocas, se ven para hablar de los hijos.

Por el trabajo se ven casi todos los días, aún así a veces quedan para hablar solo de las niñas.

Hablan por *Skype* una vez a la semana.

Hablan por teléfono habitualmente y quedan cada tres meses para hacer el *planning* trimestral.

cuentan que al principio era difícil hablar porque todo se mezclaba: amor, dolor, rabia, etc., pero que ahora con el tiempo han ido poniendo cada cosa en su sitio y están mucho más centrados para hablar en cada momento de lo que tienen que hablar: división de las vacaciones, extraescolares de los niños, ropa que hace falta comprar. Los temas de conversación se han vuelto mucho más pragmáticos.

Si hay algo que puede sorprender en este gráfico respecto a los tópicos que habitualmente se manejan sobre separaciones y custodias es el hecho de que muchas de estas familias se juntan para hacer cosas. Quitando la familia Amarillo en la que el padre está en Estados Unidos y la familia Verde, las otras ocho familias suelen quedar. Unas más, otras menos pero todas ven claro que sus hijos valoran mucho verles juntos, aunque sepan que ya no son pareja, aunque tengan nuevas parejas y se hayan creado nuevos núcleos familiares. Los hijos valoran verles juntos y hacer cosas con ellos. Aunque como señala el padre de la familia Rosa: es importante estar de buen rollo. Ellos solo hacen actividades juntos cuando están bien, cuando no tienen ningún conflicto a medias que pueda hacer que los hijos perciban una tensión anormal.

Lo que observamos es que poco a poco y a medida que el padre y la madre se alejan del momento de la separación, se van reubicando en otros roles y que igual que socialmente existen figuras clásicas como hijo o padre o madre o tío o novio o pareja, cuando una pareja con hijos se separa el uno no desaparece de la vida del otro, sino que nace una figura nueva: la figura de la «madre o padre de sus hijos» con la que tiene que establecer una relación más o menos cotidiana pero inevitable, igual que con su padre o sus hijos o cualquier otro miembro de su familia.

Algunos aspectos prácticos

En este capítulo hemos decidido recoger algunos temas que han salido en las conversaciones con las familias y que nos han parecido importantes por dos razones: la primera porque ilustran muy bien el funcionamiento de las familias que han consensuado una custodia y la otra porque son temas sobre los que la gente habitualmente tiene curiosidad. ¿Qué pasa con la ropa? ¿Cómo se hace el intercambio de los hijos de una casa a otra? ¿Es normal llamarles mucho por teléfono?

¿Qué sucede con la ropa?

En el gráfico de la página siguiente hemos recopilado el funcionamiento de nuestras familias en el tema de la ropa.

Como podemos ver en el gráfico, el tópico de los hijos siempre de una casa a otra con su maleta a cuestas («los niños maleta») no se cumple. O al menos no se cumple en estas diez familias. No vamos a hacer una generalización basada solo en diez familias, pero no perdamos de vista que estas diez familias tienen niveles de ingresos muy dispares, diferentes tipos de custodia... No vamos a generalizar, pero sí podemos decir que el tópico no siempre se cumple. Al contrario, en la mayoría de los casos las familias han optado por tener ropa en las dos casas. Han preferido gastarse el dinero en ropa a afrontar la complejidad de tener que transportar la ropa de casa en casa coordinando ropa limpia, ropa sucia, lavadoras, plancha, y cargar al niño o a la niña con un montón de maletas. Este procedimiento además de ser complejo en sí, complica mucho el intercambio entre los padres, sobre todo si como vemos en el apartado posterior se hace

La ropa:

Compra: entre los 3 revisan y deciden lo que necesita cada temporada.

La ropa va de una casa a otra sin problemas.

Compra: cada uno según se necesita.

Solo hace traspasos de casa a casa en casos especiales.

Compra: entre los 2.

Hay más ropa en casa de la madre, donde pasa más tiempo.

Compra: cada uno la ropa para su casa.

No se traspasa de una a otra casa.

Compra: lo hablan entre los 2.

Las niñas llevan lo que quieren de una casa a otra.

Compra: cada uno lo que considera.

No se traspasa de una a otra casa.

Compra: entre los 2, pero deciden los niños, que son ya mayores.

Los niños transportan según les apetece.

Compra: entre los 2.

Las niñas transportan según les apetece.

Compra: la madre, con quien están casi siempre.

Toda está en casa de la madre.

(Transición cuando vivían en dos casas: la ropa no estaba duplicada, iba y volvía)

Compra: la madre casi todo, porque vive mucho más tiempo con ella.

En casa del padre, donde la hija pasa pocos días, hay un poco de ropa.

a través del colegio: uno lleva por la mañana al hijo al colegio y el otro lo recoge. En este caso el niño no puede llevar mucho peso. De hecho vemos que incluso en casos en los que el padre o la madre están poco tiempo con su hija, también tienen ropa. El único caso de padre o madre que no tiene ropa en casa es el del padre que vive en EE.UU.

También vemos en el gráfico que hay familias que tienen la ropa duplicada en dos casas sin más, comprando cada uno lo que ve necesario pero vemos que hay familias que se coordinan y que aunque tengan la ropa duplicada intentan proceder conjuntamente para asegurarse de que a la niña o al niño no le falte nunca nada y de que vaya donde vaya tenga siempre lo necesario.

El factor que suele alterar este reparto de la ropa consensuado por los padres suele ser la voluntad de los hijos, como hemos visto en algunas de las familias. Las hijas y los hijos, sobre todo con la edad, van poco a poco tomando el control de su imagen y ya no se ponen cualquier cosa. Les gusta elegir una ropa determinada y para muchos la ropa ya no es intercambiable. Les apetece ponerse tal camiseta o quieren que les compren las zapatillas marca tal modelo cual. Como dice una de las madres entrevistadas:

> *Tienen ropa en las dos casas, pero la transportan continuamente. La ropa y todo lo que necesitan. Nunca había pensado en esto pero creo que sus cosas «son ellas» y lo que necesitan tener aquí o allí está bien que lo traigan o lo lleven. Las cosas no son mías o de su padre, son de ellas y las llevan donde quieren, cuando las necesitan.*

Y esto con la edad se extiende también a más objetos. Una de las familias estudiadas nos cuenta que ya no sabe ni lo que se llevan de una casa a otra sus hijos, que de lo único que están seguros es de que se llevan siempre la *Playstation*. Si de repente les apetece ponerse algo que no han cogido, o vuelven a casa a por ello o se lo piden y quedan para que se lo lleve.

Hay objetos, igual que ciertas prendas, que no son duplicables, y con la edad son más numerosos: instrumentos musicales, equipo para practicar ciertos deportes... Cuando los niños son pequeños no solo se suele duplicar la ropa sino también los juguetes, la bicicleta o la moto correpasillos, los DVD... Todo lo cual tiene más que ver con la sociedad de consumo en la que vivimos que con el proceso de separación en sí. Muchas familias que no se separan pero que tienen una segunda residencia duplican también bastantes cosas para no tener que transportarlas cada vez que van a pasar una temporada a la segunda casa.

El caso de la ropa es muy ilustrativo de cómo la situación de los hijos de las parejas separadas va cambiando con la edad y de cómo al principio los padres tienen que tomar todas las decisiones (como también harían si no se hubieran separado) y cómo con la edad ellos van expresando más claramente su voluntad, voluntad que puede incluso llegar a modificar los acuerdos entre padre y madre.

El intercambio (o cómo pasa el hijo de estar con uno de los adultos a estar con el otro)

En todos los casos analizados en el libro el intercambio se hace solo de dos maneras: o a través del colegio o en casa de uno de ellos. No se observa en estas familias el uso de otros espacios. Además, casi todas combinan el uso del colegio y de las casas paternas y maternas. Los que suelen hacer el intercambio a través del colegio tienen que recurrir también a las casas en vacaciones o en fiestas.

La ventaja del colegio es que permite que la madre y el padre no tengan que coincidir tanto, lo cual puede ser muy importante sobre todo en momentos de dolor o distanciamiento en los que uno no quiere ver al otro. La pega que tiene es que muchas veces no se puede cargar al niño con todo lo que tiene que ir de una casa a la otra y en esos casos el padre o la madre además de dejar al hijo en el colegio tienen que llevar una maleta a casa del otro o utilizar a una tercera persona de mensajero (una canguro común por ejemplo).

Por lo recogido en las entrevistas los factores más determinantes, aparte de la voluntad de no verse mucho, suelen ser factores logísticos: quién tiene coche, quién está más cerca del colegio, a quién le viene mejor pasar a recoger al niño.

El tema del intercambio no es, por lo recogido aquí, uno de los más problemáticos una vez se ha resuelto.

El teléfono

Entramos aquí en un aspecto muy subjetivo de la relación entre padres y madres separados con sus hijos. Cuando los hijos están en casa del otro puede que lleguen a pasar días o incluso semanas sin que su padre o su madre les vean y en general el único contacto posible con ellos, sobre todo si son pequeños, es el teléfono. Y entramos aquí en aguas pantanosas.

¿Qué es llamar mucho? ¿Qué es llamar poco? ¿Prefieren los hijos que les llames? ¿Prefieren que no les llames? ¿Es bueno hablar mucho con ellos? ¿Agradecen la llamada? ¿La necesitan? Y el adulto, ¿la necesita? ¿Cómo vive esa llamada el adulto que está en ese momento a cargo del hijo?

He aquí una maraña de preguntas casi imposibles de separar y de responder. Por supuesto no es nuestra labor hacerlo ni tampoco la de ningún padre o madre. Tenemos aquí un hecho en el que varias personas (padre, madre e hijo o hijos) participan cada uno desde un lugar muy distinto, con necesidades radicalmente diferentes.

Una constante que podemos extraer de las entrevistas es que los hijos no suelen querer hablar mucho con el adulto con el que no están. Es como si les fuese muy difícil hacer abstracción de la realidad en la que están en ese momento (en casa de su madre por ejemplo) y conectarse con su padre que está en otra casa a la que no pueden ir libremente. Salvo casos excepcionales, las llamadas son cortas y muchas veces es el padre o la madre que está con el hijo el que casi le tiene que forzar a ponerse al teléfono y decir algo al otro que espera ansioso oír su voz. Esto por supuesto no quiere decir que el hijo no necesite esas llamadas aunque sean cortas ni que no aprecie la llamada.

Otra constante que extraemos de las entrevistas, pero que, una vez más, no sabemos si es generalizable, es que las madres llaman más. En la mayoría de las familias estudiadas, aunque las parejas se hayan repartido por igual la custodia, suele ser la madre la que necesita más llamar a sus hijos. Tampoco vamos a sacar ninguna conclusión de esto porque habría que conocer bien todos los factores de cada relación. Aunque el reparto de la custodia se haya hecho al cincuenta por cien, muchas veces es cierto que antes de separarse, sobre todo cuando los hijos eran más pequeños, solía ser la madre la que se ocupaba más de su cuidado diario.

Respecto a la frecuencia, no hay conclusión posible. Algunos llaman varias veces al día, otros una vez a la semana. Hay algunos que llaman poco pero que coinciden más con los hijos en alguna actividad, otros que prefieren dejarle al otro su espacio. Sea como sea, lo más importante es que cada uno afronte sus necesidades pero no le pida al hijo o a la hija más de lo que este le puede dar.

Los cumpleaños

Hemos querido destacar el tema de la celebración de los cumpleaños porque el día del cumpleaños es un día muy importante para casi todos los niños. Desde que son muy pequeños hasta que son casi adultos el cumpleaños es ese día especial del año en el que son protagonistas. Es un día que tiene a la vez un carácter íntimo y social, porque

Los cumpleaños:

1. Los dos con los amigos del niño.
2. Familia materna.
3. Familia paterna.

1. Íntima: Los dos lo celebran con el niño.
2. Familia materna.
3. Familia paterna.
4. Los dos con los amigos del niño.

1. Los dos con los amigos de la niña.
2. Familia materna.
3. Familia paterna.

1. Los dos con los amigos de la niña.
2. Familia materna.
3. Familia paterna.

1. Los dos con los amigos del niño.
2. Familia materna.
3. Familia paterna.

1. Fiesta única en casa del padre con la madre, la familia y amigos del niño.

1. No lo celebran en casa. Cada hijo hace una fiesta con sus amigos.

1. Fiesta única en la que están la madre, el padre, la familia y los amigos de la niña.

1. En casa de la madre.

1. En casa de la madre.
2. A veces, cuando el padre está, otra con la familia paterna.

suele ir asociado a una fiesta en la que interviene casi toda la gente importante para la niña o el niño. Todos lo hemos vivido: los nervios, la fiesta, la tarta, las velas, los regalos. Es un rito importante, con un componente familiar muy alto en el que se suelen juntar abuelos, primos, gente de la familia materna y paterna, amigos…

En el gráfico de la página anterior vemos cómo nuestras diez familias han resuelto la cuestión de celebrar el cumpleaños de sus hijos e hijas a pesar de su separación.

Como vemos hay diferentes soluciones, pero una tendencia clara que es que en la mayoría de los casos el número de celebraciones se multiplica. La separación de la pareja implica, por lo menos en estos casos, una separación de las respectivas familias paternas y maternas y en ninguno de los diez casos estas familias se unen para la celebración. Los que sí se unen en muchos de los casos son la madre y el padre para la celebración del cumpleaños con los amigos de los hijos.

No es oro todo lo que reluce

Un peligro del planteamiento de este libro (planteamiento vital, constructivo, de mirada hacia delante) es dar una visión casi idílica de la separación, una visión en la que madres y padres ideales logran separar su dolor de las necesidades de la familia y con una actitud positiva construyen la mejor vida posible para todos.

Nuestra tesis no está muy alejada de esta frase con la excepción de que sabemos que los padres y las madres así como los hijos son seres humanos capaces en momentos puntuales de lo mejor y de lo peor.

La frase «madres y padres logran separar su dolor de las necesidades de la familia» supone la existencia de un dolor y esa lucha por que el dolor no lo contamine todo a veces es más sencilla y otras mucho más complicada. A nosotros no nos parecía honesto dar esa visión feliciana de la separación. En las entrevistas hemos visto numerosas grietas, numerosas tensiones muchas veces importantes, si bien todas las familias han logrado superarlas o al menos vivir con ellas. No queríamos que alguien que leyera este libro y estuviera en medio de su proceso de separación se sintiera torpe o incapaz de llegar a un acuerdo con su pareja solo porque todavía se están gritando o amenazando. Muchas de las parejas aquí presentes se han gritado (y siguen haciéndolo) y se han amenazado. Frases como: «No vas a volver a ver a las niñas», o «no vas a sacarme ni un duro», o «si crees que me voy a ir de esta casa, vas listo», o incluso «si tienes algún problema, llama a la policía y denúnciame, que yo ya iré preparando a mi abogado». Frases como estas las han dicho algunos de los participantes en el libro y no les han impedido llegar a buen puerto. Es verdad que han existido esas frases, pero después excusas, rectificaciones…

De hecho la relación de cada uno con su ex (y este es el único capítulo en el que vamos a usar esa noción de ex porque es inevitable) por muy cordiales que sean son siempre un poco especiales. En el tono de voz de todas las personas entrevistadas al hablar de sus ex siempre había cierta tensión. Por regla general casi todos preferían cuanto menos contacto mejor, cuanto menos favores pedirle mejor y siempre tenían la impresión de que ellos estaban cediendo más o currándoselo más que su ex… En el capítulo anterior hemos hablado más de ese tema pero hay que recalcar que las conversaciones telefónicas, los encuentros entre ex, están sobre todo relacionados con los hijos y que cada vez es mayor la parte de la vida de su ex que uno desconoce. Esa dualidad entre el vínculo potente a través de los hijos comunes y la necesidad de empezar vidas separadas hace que sea una relación siempre un poco difícil. También tenemos que decir que la mayoría de las parejas separadas de este libro llevan separadas menos de cinco años. Cinco años no es tanto para muchas cuestiones. Hay heridas que tardan mucho más en curarse.

En los procesos de todas estas familias ha habido momentos críticos, momentos en los que parecía que no iban a llegar a un acuerdo y también momentos en los que nuevos hechos amenazaban con destrozarlo todo.

Para empezar está el primer momento. Para muchas de estas familias el momento más duro, el momento en que se les retorció el corazón, fue el momento en que se lo dijeron a los niños. Varias familias nos han contado cómo la culpabilidad que les generó ese momento todavía les dura. Muchos todavía dudan de si lo hicieron de la mejor manera posible, de si no podían haber evitado de alguna manera el dolor que causaron a sus hijos. Tal vez ese dolor, esa sensación de estar cambiando de golpe la vida de sus hijos, sea lo más doloroso de todo el proceso para bastantes de ellos, mucho más que las amenazas o los gritos o las discusiones. Como nos cuenta una de las personas entrevistadas:

> *Nunca olvidaré ese momento. Fue el peor de todos. Nos sentamos una mañana los tres a jugar a un juego de mesa y le dije que su madre y yo habíamos decidido vivir en casas distintas, que nos queríamos pero ya no del modo que hay que quererse para convivir como pareja. Que por supuesto era una decisión nuestra en la que ella no había tenido nada que ver y que ambos íbamos a cuidar tanto o más de ella como hasta el momento. Que iba a ser mucho mejor para los tres. Iba a tener dos casas, dos habitaciones, dos familias… Ella entendió enseguida que aquello era importante y corrió a llorar a su habitación. Su madre me miró tratando de hacerme sentir el ser más despreciable del planeta.*

Luego hay otro aspecto importante que también tenemos que señalar y es que en este libro hemos obviado enteramente los motivos de las separaciones. No nos interesaba entrar en ellos. Este no es un libro sobre por qué las familias se separan, sino sobre cómo afrontan las familias su separación. Pero es indudable que el porqué también afecta a cómo se vive la separación. En varios de estos casos la separación ha sido voluntad de uno de los miembros de la pareja y el otro miembro era partidario de seguir con el proyecto familiar. Esa ha sido una fuente potente de conflicto ya que en esos casos siempre ha habido una lucha del que no quería separarse para que el otro no se separase y, claro, no es una lucha cualquiera: es una lucha por algo muy importante, por algo vital, entre dos personas que viven bajo el mismo techo. Ha sido en estos momentos cuando se han dicho las cosas más duras.

De hecho varios de ellos cuentan cómo durante los primeros momentos de la separación la persona que no había querido separarse intentaba a todo precio seguir viendo a la otra persona y que no se resistía a darla por perdida mientras que la persona que había querido la separación intentaba verla lo menos posible y empezar la nueva etapa de su vida.

Ni el que decidía la separación ni el que la sufría salían bien parados. Una de estas personas nos contó que, como había sido ella la que había decidió separarse, la sensación de culpabilidad le agarrotó durante meses y que debido a ese sentimiento de culpa no negoció bien la parte económica. Era incapaz de negociar porque se sentía tan culpable y responsable de lo que estaba pasando que creía que tenía que ceder en más cosas que su pareja.

En otro caso, uno de los que se encontró por sorpresa con la separación, nos cuenta que su primera reacción fue huir, que se marchó lejos de todo durante dos semanas porque no podía soportar ni siquiera estar en la misma ciudad y que hasta que no pasaron esos días no se sintió con fuerzas para volver a su vida y empezar a asumir el proceso de separación.

Cada uno desde su sitio, pero todos descolocados, removidos por el arranque de la separación, por el vértigo de no saber qué va a pasar.

A ello en varios de los casos se les suma la existencia de terceras personas con los consecuentes celos, competencia, comparaciones, inseguridades… Nada que contribuya a que la situación entre la madre y el padre sea pacífica. Una de las personas participantes nos ha confesado que justo antes de irse de casa no pudo evitar coger el móvil de su expareja y leer todos los mensajes en busca de mensajes de una posible amante. ¡Y seguro que no ha sido la única!

Una cosa curiosa es que si bien la aparición de terceras personas, ya sea al principio de la separación o cuando ya lleva un tiempo, suele traer complicaciones —una de estas familias estuvo a punto de cuestionar todo su proceso y su acuerdo cuando él se entero de que ella estaba saliendo desde hacía tiempo con otro hombre y su aparición provocó una terrible crisis (y eso que ellos llevaban ya dos años separados)—, también es cierto que la aparición de la cuarta persona suele traer estabilidad. Casi todos los participantes de este libro que han encontrado pareja están deseando que su ex encuentre también a alguien. Y cuando eso sucede y los dos están inmersos en una nueva vida, con nuevas parejas, parece que todo se hace más sencillo. Una de las entrevistadas nos comentó que cuando por fin su ex y su nueva pareja se conocieron —y no solo eso, cuando se conocieron y sus hijos los vieron a los tres juntos— la relación entre sus hijos y su nueva pareja mejoró mucho. Como si esos niños al ver juntos a su padre y a la nueva pareja de su madre los ubicaran por fin de manera clara.

Es verdad que la cuarta persona puede relajar la situación en lo que a lo emocional se refiere, pero a nivel logístico lo suele complicar todo, sobre todo los calendarios. Algunos de los padres y madres de este libro tienen relaciones sentimentales con otros padres y madres que tienen a su vez a sus respectivos ex. Algunas familias tienen que hacer verdaderos encajes de bolillos y eso también genera tensión. Uno de los participantes de este libro vive con su nueva pareja y la hija de esta, que tiene la custodia de ella. Por otra parte su ex tiene una nueva pareja que vive a quinientos kilómetros y que a su vez tiene una hija de nueve años y la custodia compartida. Así que para planificar sus vacaciones esta persona se tiene que poner de acuerdo con su ex, que a su vez se tiene que poner de acuerdo con su nueva pareja, que a su vez se tiene que poner de acuerdo con su ex… Y por otro lado se tiene que poner de acuerdo con su pareja actual y esta con su ex que también tiene una nueva pareja con un niño de seis años… Parece un problema matemático divergente, un problema que tiende al infinito y se vuelve irresoluble.

Pero la fuente principal de conflicto entre madres y padres viene del día a día, de la necesidad de consensuar todos los aspectos de la vida de los niños con alguien con el que no estás de acuerdo en muchas cosas y al que ya no quieres como antes. Aspectos como a qué colegio o a qué actividades extraescolares tienen que ir o si el niño tiene un problema encontrar cuál es la mejor manera de resolverlo. Hay que recordar que muchas veces lo que está en juego son cuestiones vitales. En una de las familias el padre y la madre discrepan totalmente sobre la manera de tratar la enfermedad de uno de sus hijos sugiriendo cada uno de ellos una vía diferente. En otra de las parejas uno de ellos quiere que las niñas vayan al colegio público y el otro quiere que vayan a un colegio privado. Para uno es muy grave que su hijo mayor fume y para otro es parte de la vida…

También vienen muchas veces de la impresión que tiene uno de ellos de estar poniendo más de su parte, de estar cediendo más veces, de estar haciendo más sacrificios, de ceder en cuestiones como las vacaciones o de que el otro abuse de la flexibilidad y le eche un poco de morro al asunto.

Y luego están, claro, temas personales e intransferibles, necesidades íntimas que pueden revelarse muy importantes y que no es fácil cuantificar o compensar. Por ejemplo, cuando una de las parejas de este libro se separó y la madre se mudó a una nueva casa, para la hija era muy importante que su padre conociera también esa casa. O para ser más precisos, no tanto la casa como su nueva habitación, esa nueva habitación que ella había hecho suya y en la que pasaba mucho tiempo y que quería también compartir con su padre. No es una petición extraña, al fin y al cabo; su padre es una de las dos personas más importantes de su vida. Pero para su madre era muy importante que él no entrara en la casa. No quería de ninguna manera. No quería por más que se lo pidiese su hija. Estaba recomponiendo su vida y creando un nuevo hogar y no quería que su expareja entrara en él. Quería que fuese un espacio totalmente suyo.

Sin embargo, la hija insistía mucho y cada vez que su padre le llevaba a casa de su madre le insistía para que él subiera y él se tenía que escaquear con alguna mentira. Al final el padre no aguantó más y le pidió a la madre que le explicase a su hija lo que estaba pasando. Ella se lo explicó y la hija dejó de pedírselo.

Pasó el tiempo, y a los cuatro meses de la separación la madre invitó al padre a comer y los tres comieron juntos en la casa y él pudo entrar y su hija pudo enseñarle su habitación. De pronto el problema había desaparecido: era una cuestión de tiempo.

Como esta anécdota, que en su momento creó bastante tensión entre los tres, todas las familias de este libro tendrían muchas que contar, pero todos han sabido capearlas. Porque es verdad que hay muchas fuerzas invisibles en los procesos de separación, muchos sentimientos, sensaciones, malestares difíciles de entender para el que no los está pasando y ante los cuales lo único posible es el respeto y la paciencia.

Estos temas que hemos tratado aquí son los que suelen ser los que más conflictos provocan y esos conflictos suelen dar pie a veces a situaciones muy incómodas para todos y lo que es peor pueden surgir en cualquier momento. Aunque hayan pasado años puede que una determinada discusión vuelva a sacar todo lo enterrado y haga que las viejas heridas se vuelvan a abrir. Las lecciones que nos han dado estas familias no son que una familia que consensúe no va a gritarse ni a hacerse daño ni a tener grandes crisis, sino que igual que un funambulista camina sin caerse pero va dando vaivenes y a veces parece que se desequilibra del todo, pero en el último momento se rehace, igual que un funambulista caminan nuestras parejas y es indudable que cuanto más entrene el funambulista, cuanto más practique, es fácil que camine más seguro a pesar de todas las fuerzas incontrolables que se ejercen sobre él. Fuerzas que son inevitables y que nunca van a desaparecer.

Compañeros de viaje

Como hemos dicho varias veces en el libro, nosotros creemos en la comunicación, creemos en el diálogo, creemos que el diálogo entre madre, padre e hijos es vital para que la separación se realice de la mejor manera posible. También creemos que cada familia debe solucionar sus problemas porque nadie mejor que ella los conoce.

Esto no quiere decir que un poco de ayuda (o mucha) no pueda venir bien. Nosotros no decimos que la familia tenga que aislarse y no dejar que nadie la acompañe. Al contrario, para empezar esperamos que este libro pueda acompañar a mucha gente en su proceso de separación. También creemos que hay profesionales que pueden acompañar a las madres y padres que se separan. Pero ninguno de esos profesionales puede sustituir la verdadera voluntad de entendimiento y la verdadera voluntad de hacer las cosas bien. De hecho, ningún profesional diría que puede hacerlo.

Nosotros hemos escogido a dos profesionales para que colaborasen con nosotros. El primero es Sergio Martínez Llodrá, abogado del Colegio de Abogados de Valencia. Hemos querido saber su opinión sobre muchas cuestiones relativas al proceso de separación. Primero para aclarar algunas dudas que hemos visto que la gente tenía sobre aspectos legales muy simples y, por otra parte, para que nos hable de cómo el abogado acompaña muchas veces en estos procesos. Sus palabras además de clarificadoras nos han resultado muy alentadoras porque hemos visto cómo desde el punto de vista del abogado también existen tantas separaciones como familias, y que no hay nada como consensuar un acuerdo.

Durante la entrevista Sergio menciona a una figura que descubrimos cuando empezamos a redactar el libro y con la que a priori no habíamos contado: la figura del mediador familiar. El mediador familiar es un profesional formado en áreas de derecho y de psicología y que ejerce de mediador neutral en los procesos de separación. Su labor es ayudar a la pareja a resolver paso a paso los diferentes problemas que le plantea la separación: custodia, reparto económico, casas… El mediador ayuda a la pareja a redactar el acuerdo que luego envía a un abogado y más tarde a un juez para que lo revise y lo ratifique.

Hay servicios de mediación gratuitos en numerosas comunidades autónomas además de múltiples asociaciones de mediadores y gabinetes privados. Nosotros hemos tenido acceso a los datos del Instituto de Mediación del Gobierno Vasco cuyas estadísticas dicen que el año pasado unas 2800 personas utilizaron su servicio con un 90% de personas que completaron el proceso de mediación solucionando sus conflictos.

A nosotros, todos los instrumentos que sirvan para que se establezca un diálogo constructivo en la pareja en un momento tan crítico nos parecen útiles. A priori habíamos decidido no extendernos mucho en este tema, porque uno de los fundamentos del libro era partir de la experiencia de las personas participantes y ninguna de las familias ha utilizado un mediador. Lo que sucedió es que en el transcurso de la redacción del libro nos dimos cuenta de que el mediador podía ser un instrumento clave para muchas separaciones, y que si bien ninguno de los participantes del libro lo había utilizado era porque al preguntarles nos dijeron que no conocían su existencia. Probablemente de haber conocido su existencia algunos de ellos hubieran recurrido a su figura. Hemos decidido pues incluir una entrevista con Maribel Vidal Cháfer, mediadora de la agrupación «Mediacción, intervención efectiva en conflictos», con el doble objetivo de conocer su opinión profesional sobre las cuestiones tratadas en el libro y contribuir a dar a conocer la mediación a nuestros lectores que esperamos que la encuentren de utilidad.

Por lo tanto os dejamos con las interesantes palabras de Sergio y de Maribel. Dos profesionales que tanto desde el punto de vista de la legalidad como de la comunicación, insisten en la necesidad de que la gente busque su camino, de que asuma que tiene que resolver los problemas de su separación (aunque sea con ayuda, claro) y de que nadie les va a dar una solución mejor, nadie va a hacer su trabajo. Y estas dos personas son personas que llevan años trabajando, que han visto multitud de casos y que ven día a día cómo muchas parejas consiguen separarse amistosamente y otras no. Esperamos que sus opiniones sirvan para acompañar a las de las familias que han participado en el libro.

Entrevista con Sergio Martínez Llodrá, abogado

¿A nivel legal, qué pasos tiene que dar una pareja casada y con hijos que se quiere divorciar de manera amistosa?

Lo primero que tiene que hacer es ponerse en contacto con un abogado, que se encargará de proponer la redacción de un convenio regulador, vulgarmente conocido como «convenio de mutuo acuerdo». En ese convenio pone todo lo concerniente a la organización de la relación filial entre los padres y los hijos. Ese convenio se presenta ante un juez que lo ratifica y de ahí nacen unas normas reguladoras.

En ese convenio se estipula quién se queda la guardia y custodia o si esta es compartida, y también se ponen la pensión alimenticia, la pensión compensatoria (si hay una) y el régimen de visitas, extraordinario y ordinario, entre los padres y los menores. Eso es básicamente lo que pone.

Entonces, si estás casado tienes que redactar obligatoriamente el convenio regulador.

Sí, porque a través del convenio regulador no solo se disuelve el matrimonio como estado civil, sino que también se disuelve el régimen económico que regía la sociedad. Un régimen que puede ser de gananciales o de separación de bienes, y eso solo se puede hacer en un juzgado.

Pero, ¿yo puedo decir «me separo», hacer el trámite y dentro de un año traer el convenio?

No. El divorcio siempre tiene que ir acompañado de un papel que regule las relaciones paterno filiales.

De los documentos que obligatoriamente se tienen que presentar cuando se tramita una separación de mutuo acuerdo, uno de ellos es siempre el convenio regulador.

Y si no estás casado, ¿el trámite es el mismo?

Sí, porque con una pareja de hecho lo que se hace es una demanda de medidas paterno filiales. El convenio regulador solo se redacta a efecto de medidas paterno filiales y todas las medidas relacionadas respecto a las relaciones paterno filiales son idénticas esté casada o no la pareja.

Incluso facilita más las cosas porque el régimen económico era ya separación de bienes y entonces no hay que liquidar la sociedad económica que muchas veces es la de gananciales y que suele ser uno de los motivos de conflicto en la separación.

Además de quién se queda la guardia y custodia y las demás cosas que has mencionado, en el acuerdo puedes poner mucho más, ¿no? Cosas como a qué colegio van los hijos, etc.

Sí, eso es así. Se pueden poner muchas cosas diferentes que regulen la relación entre padres e hijos. Yo, por la experiencia que tengo, intento flexibilizarlo al máximo para que puedan entrar en él el dinamismo personal de los dos excónyuges y su realidad.

¿Una pareja puede decidir el acuerdo que quiera o hay unas pautas marcadas por la ley?

Se puede poner casi todo, pero no todo, porque como hay menores el fiscal siempre persigue su protección y vela por su bien. Para el fiscal es muy importante estar seguro de que no hay nada evidente que perjudique al menor. Aun así, si hay mutuo acuerdo tiene que ser algo muy muy extremo. Es raro. También un poco porque los convenios en su mayoría siguen la inercia de los hechos previos a la separación, tanto a nivel legal como en cuestiones como el domicilio, el tipo de vida…

Es muy difícil que un juez rechace un acuerdo consensuado por el padre y la madre. Eso solo sucede si el ministerio fiscal pide un informe psicosocial, y eso no suele pasar. El psicólogo solo suele entrar en casos de contencioso, no de mutuo acuerdo. El consenso en estos casos es todo. Si lo quieren los padres, mal voy a hacer yo al pequeño si obstaculizo eso.

Además, el juez suele ser prudente. No tenemos que olvidar el principio que debe regir estos acuerdos: siempre en beneficio del menor. Y que tus padres estén contentos y estén de acuerdo siempre es bueno para el menor. El consenso siempre es lo mejor para el menor y la integridad del menor es lo que siempre hay que proteger.

Es imposible que un convenio recoja todos los aspectos de la vida de un niño, ¿no?

Aquí estamos heredando una forma de resolver los conflictos basada en las matemáticas y hemos olvidado aspectos más intuitivos, aspectos basados en la equidad. Hemos heredado una cultura positivista en la que se pensaba que las únicas soluciones eran las que las ciencias nos señalaban. Hay problemas convergentes y otros divergentes, como intentar resolver por escrito todos y cada uno de los aspectos que regulan la vida de un niño. Es imposible. Son casi infinitos.

Yo lo que hago con las parejas con las que trabajo es brindarles la oportunidad de convertir el convenio en algo vivo con una cláusula que pone que en cualquier caso lo que dice el convenio será susceptible de modificación cuando haya pactos entre los cónyuges. Yo les digo: mira, este convenio puede estar en un cajón y siempre que haya sentido común y entendimiento por el bien de los menores podréis hacer lo que queráis. El convenio es un pacto de mínimo en caso de disputa o conflicto.

¿Y si una pareja al cabo de unos años quiere modificar el acuerdo?

Mismo trámite. Se llama modificación de las medidas paterno filiales. Lo que se les exige es que muestren que han cambiado las condiciones que dieron lugar al anterior convenio.

Eso sí, el cambio se puede hacer siempre que sea de mutuo acuerdo. Una de las partes no puede modificar el acuerdo individualmente si no es a través de la vía contenciosa. Los pactos son para cumplirse. Si alguien no cumple el pacto se le puede denunciar. Aunque alguien tenga la custodia, y esto es muy importante, no puede cambiar el acuerdo. Tener la custodia no quiere decir poder cambiar unilateralmente el convenio.

Una de las familias que participan en este libro decidió firmar un papel privado que modificaba durante unos años las condiciones del acuerdo ratificado por el juez. ¿Ese papel privado tiene validez?

Bueno, es un principio de prueba brutal porque refleja un pacto entre ambos. Indudablemente tiene cierto valor en caso en caso de conflicto, pero también depende de lo que ponga en ese documento. Independientemente de los pactos hay derechos indisponibles que no se pueden retirar así como así. Por ejemplo: yo no puedo privar a mi ex de su pensión si tiene derecho. Yo no puedo hacerle firmar un documento en el que renuncie a ella. Existen unos mínimos que se pueden exigir siempre. Por ejemplo: no puede tener validez un pacto en que a la vez se da una custodia monoparental y se exime de pensión alimenticia al otro cónyuge. Eso es imposible.

Algunas de las familias que han participado en el libro no han pasado por el juzgado su acuerdo. ¿Tú crees que es un error o si les va bien hacerlo es una opción válida?

Como abogado, yo debo prever el peor de los escenarios. Por deformación profesional. Yo creo que es conveniente redactar un convenio y pasarlo por el juzgado porque al menos en caso de conflicto tienes algo. También te digo, como abogado, que el convenio regulador es un principio de prueba importante pero no el único. Hay otros que son los actos coetáneos anteriores pero que son más costosos de demostrar. Tendrías que aportar transferencias bancarias, testimonios…

Supongamos que ya hemos redactado nuestro convenio con el abogado y que estamos todos de acuerdo con él. El trámite es ir a juzgados pero no a juicio, ¿no?

Hay dos vías judiciales de canalizar este tipo de solución: una es la contenciosa y otra el mutuo acuerdo. Son dos tipos de caminos que se dan tanto en la disoluciones de los matrimonios como de las parejas de hecho.

Si tú alcanzas un consenso con tu pareja en el seno de una pareja de hecho llamas a un abogado, redactas un convenio regulador y haces una demanda de medidas paterno filiales de mutuo acuerdo, y eso lo llevas a los juzgados y los examina el secretario judicial el juez y —si hay menores— el fiscal. Lo que no existe es la pugna que se da en la vía contenciosa con toda la tensión y el drama de ver a una pareja enfrentándose. Es un trámite burocrático, casi como ir a un registro. Nada traumático.

Entonces, si los cónyuges no son capaces de separarse amistosamente, ¿cuál es el procedimiento?

Demanda de medidas paterno filiales por lo contencioso, con dos abogados y juicio con toda su complejidad sobre todo si hay menores: psicólogos, discusiones...

Además de lo desagradable que es todo el proceso judicial esta vía tiene muchas más consecuencias negativas. El contencioso es un verdadero corsé que limita cualquier tipo de flexibilidad, sobre todo por miedo a que si no cumplo el convenio me van a poner una denuncia. Por ejemplo, si no lo puedo cumplir porque estoy sin trabajo y no puedo pagar, tengo que ir en seguida a ver a mi abogado a cambiar el convenio antes de que me demanden.

Nosotros también hemos observado que la diversidad de acuerdos a los que llega la gente es mucho mayor que la que se suele dar en las sentencias, ¿es eso cierto o los jueces hacen sentencias muy personalizadas, muy diferentes de los dos o tres modelos habituales?

Vamos a ver. El juez se rige por el principio rogatorio de parte. Lo que la parte no pide, el juez no lo puede poner. El juez sí que puede tirar por el camino del medio: un poquito lo tuyo y un poquito lo suyo, pero decide entre lo que piden las partes. Las soluciones imaginativas pueden darse pero en el entorno de partes.

Todo abogado, por regla general, viendo el perfil de su cliente, sabe lo que un juzgado va a conceder. Es prácticamente matemático. Por eso yo suelo sugerir siempre el consenso. Si las dos partes pierden el tiempo en discusiones al final el juez es fácil que decida custodia monoparental, pensión compensatoria de 250 euros por cada hijo, régimen de visita de dos días entre semana, fines de semana alternos y la mitad de los festivos. Ese es el patrón típico de copia y pega.

¿Qué vas a ganar por lo contencioso? ¿Un día más? ¿Un día menos? ¿Y afrontar los costes y la violencia del juicio?

En muchos sitios si no hay consenso, por ejemplo, no va a darse nunca la custodia compartida. Y, sea cual sea la circunstancia económica, si una de las partes quiere 600 euros de pensión en vez de 250, lo normal es que no se la den.

En general los abogados prefieren el consenso, ¿no?

Sí. Normalmente solo van a la vía contenciosa si el cliente lo solicita. Más de la mitad de los divorcios que se inician por lo contencioso acaban de mutuo acuerdo porque los abogados conseguimos imponer cierto sentido común, les recordamos que hay menores, que es importante que la primera piedra de la ruptura sea consensuada. La gente a veces pide cosas imposibles y que un juez nunca les va a dar en la situación en la que están. Por ejemplo: custodia compartida por la vía contenciosa.

La tesis de este libro es que lo mejor es siempre llegar a un acuerdo. ¿Tú la compartes?

Sí. Completamente. Mucho mejor que ir a juicio. Por supuesto. Porque siguiendo con el principio de «en beneficio del menor», cualquier acuerdo consensuado siempre va a ser un ejemplo y un referente para que el niño no padezca los conflictos entre sus padres.

¿Tú has observado que la gente que hace el mutuo acuerdo sale más satisfecha del proceso?

Sí. El divorcio contencioso se puede contaminar hasta extremos muy grandes.

¿Recomiendas abogado común o dos abogados para lograr el consenso?

Bueno. No siempre en un procedimiento de mutuo acuerdo hay un abogado común, porque a veces uno de los cónyuges tiene miedo de que el abogado favorezca a la otra parte. Según mi experiencia más o menos en la mitad de los casos el abogado es común y en la otra son dos abogados. Esto no tiene por qué ser peor, porque de esta manera cada uno está tranquilo de que su abogado defiende sus intereses. No siempre va de la mano mutuo acuerdo y abogado común.

¿Cuál es el papel del abogado en el proceso de custodia consensuada?

Bueno, ahora hay más formación en mediación porque se está viendo que el consenso es lo mejor. La mejor manera de superar la separación. Un abogado dotado de esa capacitación en temas psicológicos puede ayudar a arbitrar esas medidas y proponer un consenso a las partes. Se quiere introducir el arbitraje que es una figura intermedia entre el pacto interno y los juzgados. Vamos a ponernos de acuerdo y punto.

¿Pero los abogados suelen proponer modelos de custodia?

En general no. No somos psicólogos. Cada familia es un mundo, cada niño es un mundo. Yo no sé en qué medida que cambie de progenitor cada semana o cada tres días o que duerma siempre con su madre es lo mejor. Tampoco sé cuál era la vida del niño antes de que sus padres se separasen, qué horarios tenía, si el padre o la madre se ocupaban más de él.

Parece que en el aire está que siempre hay mil problemas y nosotros nos hemos encontrado con lo contrario. ¿Es raro?

No, en absoluto. Yo he visto casos extremos, casos de mentiras, de denuncias falsas, que han acabado de mutuo acuerdo una vez pasado el momento duro de la separación.

Mi teoría es que la gente bien acompañada por buenos profesionales y buenas leyes llegaría siempre a acuerdos. Pero el entorno familiar es muy visceral y el tema es muy delicado. No todo el mundo puede, cuando todo se tensa, volver a la cordura.

El Instituto Nacional de Estadística dice que el 70% de las separaciones ya sean con o sin hijos son de mutuo acuerdo. En tu experiencia profesional, ¿cuál es el porcentaje en el caso de que haya hijos?

Un porcentaje todavía mayor. De cada diez, nueve casos son de mutuo acuerdo. Los casos de juicio han sido por problemas extremos.

Entrevista con Maribel Vidal Cháfer, mediadora

¿Qué es un mediador familiar?

Un mediador es una persona que facilita la comunicación entre las personas cuando esas personas están en una situación de conflicto.

A veces, cuando estamos metidas en un conflicto, las personas nos encerramos en una especie de casilla y de ahí no queremos salir. Y claro, nosotros nos encerramos en nuestra casilla y el otro en la suya y no hay nada que hacer.

El mediador nos enseña a ponernos en los zapatos del otro. Nos ayuda a entender la posición del otro y a romper las barreras entre esas casillas para poder intentar la comunicación.

¿Cuál es tu objetivo cuando tienes a una pareja que se va a separar delante?

Mi objetivo es que ellos se puedan entender. Mi objetivo no es que ellos lleguen a un acuerdo. Ese tiene que ser su objetivo. Ellos son los que tienen que estar maduros para llegar a un acuerdo. Yo lo que intento es facilitar la comunicación. Para mí la mediación no es solo llegar a acuerdos, sino que las personas tomen responsabilidad sobre sus actos, sobre lo que han hecho y lo que van a hacer, y que sean capaces de comprometerse.

La clave del éxito de la mediación es el compromiso. De nada sirve un acuerdo que vaya completamente fluido y que el padre y la madre digan: «Sí, perfecto, haremos tal cosa o tal otra», si realmente en ellos no se ha conseguido mover lo que les lleva al compromiso. En esos casos, a veces, se dan la mano, pero luego no cumplen lo pactado y a los dos días están en el juzgado.

Cuando la mediación funciona son ellos mismos los que saben que lo han hecho bien, los que están satisfechos con el acuerdo obtenido y se comprometen a respetarlo.

El mediador, y esto es clave, apela a la responsabilidad personal de la gente para resolver sus conflictos. Que no sea el Estado el que me diga cómo tengo que regular mi relación con mi exmarido ni con mis hijos. A mí, personalmente, depositar algo tan sensible en el Estado, que es un ente carente de sentimiento y emociones, es algo que me parece un poco disparatado. Algo que a mí me toca, que entronca mucho con mis emociones, con cómo yo vivo mi vida y con lo que siento no puedo delegarlo.

Nosotros también pensamos que la separación entronca mucho con como cada familia vive su vida. ¿En mediación se intentan meter las particularidades de la vida en los acuerdos o se intenta llegar a acuerdos tipo?

Por supuesto que intentamos respetar cómo ellos piensan y quieren hacer las cosas. Nosotros intentamos llegar al acuerdo que las partes quieran aunque a nosotros nos parezcan raros o injustos. Nosotros les ayudamos a llegar a un acuerdo que, conforme a las necesidades que cada uno tiene, se adecue a su situación personal: dinero, horarios de trabajo o de los niños, necesidades económicas, distancia entre casas…

Si las partes están de acuerdo nosotros no podemos oponernos. Lo que sí podemos hacer es enfrentarlos un poco con sus decisiones, hacer de lo que podríamos denominar «agentes de la realidad». Es decir, exponer todas las consecuencias de sus decisiones para que tomen las mejores.

Por ejemplo si deciden que una hija desayunará siempre en una cafetería porque es donde mejor desayuna, nosotros podemos decirles: «¿Estáis seguros de ello? ¿La llevaréis los dos a la cafetería? ¿Aunque uno viva lejos? ¿Y si llueve...?».

Si a pesar de lo que les decimos ellos están convencidos y ven viables los términos acordados, pues adelante.

¿Existe un protocolo de actuación o cada caso es diferente?

No hay un protocolo, pero sí un proceso. No es matemático. No es en la primera sesión hago tal dinámica, en la segunda hago otra, etc. El mediador tiene unas técnicas que domina y que va aplicando en función de cómo las parejas vayan comunicándose. Habrá gente cerrada de entrada, parejas en las que uno quiere ir a la mediación y el otro no. Hasta que a ese que no quería ir no le hagas entrar en el juego, no puedes empezar a abrir la comunicación.

¿Cuánto suele durar el proceso?

Se estipula unas seis sesiones de una hora y pico. Es como un ciclo: hay parejas que lo consiguen antes, otras luego y otras que se enganchan y quieren estirarlo mucho.

A veces las partes se plantean venir un año después para revisar las cosas porque prefieren hablar vía mediador a hacerlo solas.

¿Dónde se realiza la mediación?

Depende. Ahora en Valencia por ejemplo se está haciendo en el Colegio de Abogados y se intenta que haya un espacio en la Ciudad de la Justicia. También existen mediadores que trabajan de manera privada. La mediación se propicia desde un espacio en el que el mediador no esté enfrentado a las partes. Mejor en un contexto con mesa redonda, un lugar menos jurídico... un espacio que invite a las partes a hablar.

¿Los hijos asisten a la mediación?

Hay edades en las que no invitas al menor y otras en que puede ser conveniente y facilitador. Ponte el caso de menores de 16 o 17 años que quieren hacer algo con su padre que la madre no quiere que hagan. Está bien que asistan a la mediación y que hablen y que la madre les oiga. También es bonito que los hijos vean cómo los padres se ponen de acuerdo.

Uno de cinco años no, porque a veces se dicen de todo y eso no es malo, es normal. De repente se abre la comunicación y se dicen muchas cosas violentas, desagradables. Es parte del proceso, es necesario que existan esas sesiones. No quiere decir que luego las cosas no vayan a salir bien.

Parece una tarea compleja, ¿no? Hay que saber psicología, leyes... ¿Qué formación tiene que tener un mediador?

La ley dice que tienes que tener una formación específica, pero puede ser cualquiera, desde alguien con licenciatura a alguien con ESO. No obstante habrá que esperar el desarrollo reglamentario.

Desde mi punto de vista es mejor que sea un abogado (yo lo soy). Los psicólogos igual están más formados en comunicación y en lectura del lenguaje no verbal, pero para mí el abogado le da cierto plus, y es que sabemos que para que un convenio tenga fuerza tiene que tener cierta forma legal. El abogado-mediador va a ver qué cosas no se pueden encuadrar en términos legales. Si dos personas pactan cosas descabelladas, el abogado-mediador les va a ayudar a descartarlas antes de que el juez las rechace, y ello lo hará probablemente derivando a las partes a su abogado, que les asesorará.

Lo que es importante saber es que el mediador, aunque sea abogado de formación nunca sustituye al abogado. El convenio final lo redactará un abogado aparte. La función del mediador en la mediación es ser mediador, no abogado. El mediador debe respetar los principios de la mediación que son la neutralidad, la imparcialidad, la confidencialidad y la voluntariedad del proceso. Esto último va a implicar que cualquiera de las personas pueden retirarse de la mediación, inclusive el mediador.

Pero, ¿trabajáis en equipo con los abogados?

Esto es todo muy incipiente. Se puede hacer de maneras diferentes. La gente puede acudir directamente a un mediador para iniciar un proceso de mediación pero también puede ir derivada por un abogado. El abogado debería actuar más como asistencia letrada y el mediador como agente para favorecer la comunicación entre padre y madre.

También se puede trabajar en comediación con profesionales de otras disciplinas, como pueden ser los psicólogos. Un equipo interdisciplinar puede resultar óptimo.

La tesis de este libro es que siempre que sea posible hay que intentar llegar a un acuerdo. ¿Estás de acuerdo?

Sí.

¿Crees que la gente que firma un acuerdo sin tener que ir a juicio sale más satisfecha?

Sí, porque el acuerdo que firmas es lo que has decidido firmar, lo que crees que puedes hacer. No te han puesto una espada de Damocles y te han dicho: «O cumples o te cae encima el peso de la ley».

Una de las ventajas del mutuo acuerdo respecto al juicio es que es más fácil cambiar el acuerdo cuando las circunstancias lo requieren, ¿es esa también tu opinión?

Sí, pero existe otra ventaja importante también, y es lo rápido que te pones a vivir tu vida sin estar esperando a que llegue una sentencia. Tú pones una demanda igual en septiembre y hasta diciembre o enero no llega la resolución. Imagínate el caso de una mujer que no trabaja y su marido se va de casa. Como en menos de tres meses no se resuelve el caso, esta señora quizás no reciba ningún tipo de pensión ni nada, ¿qué hace esa mujer mientras espera?

Si las partes van decidiendo cosas, si van resolviendo las cuestiones que van surgiendo a medida que las van viviendo, todo es mucho más fluido.

Y cuando hay cambios, ¿se retoma la mediación?

Lo interesante sería que como se ha logrado la fluidez de comunicación no lo necesitasen, pero también es verdad que a veces se encuentran más cómodos con esa ayuda y prefieren sentarse a dialogar con el mediador presente.

Nosotros hemos observado que la diversidad de los acuerdos a los que llega la gente son mayores que los dictados por el juez. ¿Lo has observado tú también?

Sí claro. Eso es así porque en un un juicio se regulan los aspectos que dice la ley y punto. La ley no te dice cuál tiene que ser la educación de los niños, ni quién va a la tutoría con los profesores, ni qué extraescolares son las mejores para ellos. Hay unas tablas de pensiones en función de capacidad económica y edad de los niños, unos regímenes de visitas y poco más. Otros tipos de acuerdos en un contencioso no van a salir nunca.

Algunas de las familias participantes en este libro han decidido no pasar por un juzgado y no sancionar sus acuerdos. ¿Tú crees que es un error o una opción válida?

Yo creo que es una opción muy válida. Como he dicho antes, la base del éxito de la mediación estriba en el compromiso, desde mi punto de vista. Es el compromiso lo que debería mover a las personas: los valores, las palabras, no lo que dice un juez.

Las cosas tienen que nacer de dentro. A mí me parece un signo de madurez, de compromiso.

Se habla mucho de que en una separación con hijos siempre hay mil problemas. Nosotros nos hemos encontrado con todo lo contrario: con padres y madres que intentan llegar a acuerdos. ¿Cuál es tu experiencia?

Yo creo que la habilidad está en que las partes entiendan que si llegan al acuerdo siempre va a ser mejor. La gente, si lo entiende, suele optar por el mutuo acuerdo.

Ninguna de las familias que han participado en el libro ha recurrido a un mediador. ¿Crees que es una figura poco conocida?

Existen países como Argentina que tienen una tradición muy larga de mediación a muchos niveles. Aquí, a efectos de familia, donde se impuso fue en Cataluña, pero cada vez se está fomentando en más Comunidades. El problema es que la gente es reacia a tomar las riendas de su vida. No es una solución cómoda. Tienes que currártelo. Tienes que trabajar, poner mucho de tu parte…

Sería conveniente «obligar» a la gente que se va a separar a asistir a una sesión informativa de mediación para que conocieran la opción. Se ahorraría mucho dolor y también mucho trabajo de jueces, abogados, fiscales… No solo en el momento de la separación, sino después. Un proceso que empieza con buen pie es fácil que continúe siendo saludable. Una separación que empieza con conflicto, con jueces, con demandas, es fácil que siga siempre así.

Una pareja que se separa y quiere acudir a un mediador, ¿qué hace?

Depende de dónde esté. Hay asociaciones, oficinas... En Valencia, el Colegio de Abogados —dando cierto respaldo jurídico a la mediación— tiene un Centro de Mediación en el que hay un grupo de mediadores formados. También puede acudir a mediadores particulares, o quizás pueda pedir a su letrado que le derive a algún mediador colaborador.

Para terminar, y ya que la mediación es para muchos una gran desconocida, cuéntanos tú qué es lo más beneficioso de ella.

Que la mediación transforma a las personas para bien. Saca de las personas las ganas de trabajar por algo, de luchar por algo. Esto es una percepción mía, una concepción mía un poco idílica de la gente. La mediación ayuda a que la gente saque lo mejor que tiene para resolver sus conflictos. Yo se lo recomiendo a todo el mundo. Ves cosas muy emocionantes. El proceso va mucho más allá de llegar a un acuerdo. Personas que no se pueden comunicar porque han entrado en planos de comunicación estancos empiezan a ver una luz y eso es más interesante que el acuerdo en sí.

Yo pienso que existe un movimiento latente en la sociedad, lo creo sinceramente, por retomar sus propias vidas. El sistema nos ha llevado a una situación crítica. El sistema hace aguas y tú puedes hacer dos cosas: adaptarte a ese sistema que hace aguas o volver a unos valores que sí te dan sentido. La mediación está en esa onda. Permitir que esos valores vayan aflorando.

Para terminar

Once familias. Once colores. Once custodias.

¿Qué más podemos decir nosotros?

Nada que no digan ya ellas con sus ejemplos, con sus elecciones, con su manera de abordar sus responsabilidades y su realidad.

Decir que en el proceso final de este libro fuimos descubriendo más y más casos de custodia consensuada. Cada caso nos llevaba a otro caso y escuchamos con mucha alegría la historia de familias que habían resuelto la separación a su manera. Había mucha gente intentando hacer bien las cosas ahí fuera, intentando utilizar el diálogo en vez de la lucha. No los hemos incluido en el libro porque ya era tarde y porque pensamos que más casos solo contribuirían a abrumar al lector, pero queríamos que se supiera. Nos encontramos con una familia que al separarse había optado porque los hijos estuvieran entre semana con la madre y todos los fines de semana con el padre. Nos encontramos también con una pareja que decidió seguir viviendo junta a pesar de haberse separado sentimentalmente, y no pasar a vivir en dos casas hasta que sus hijas fuesen suficientemente mayores. Nos encontrarnos con una pareja que estaba acabando de pagar la hipoteca de su casa cuando decidió separarse y que decidió comprar otra casa a medias para que tanto el padre como la madre tuvieran una casa donde vivir sin tener que vender la que ya habían casi pagado… Casos y casos cada uno con sus particularidades, su realidad, sus necesidades, no solo en el modelo escogido sino también en cómo se habían ido haciendo las cosas. Encontramos a mucha gente deseosa de participar en el libro y de compartir su experiencia.

Encontramos a mucha gente con ganas de romper con los estereotipos y los prejuicios que rodean a todo lo que tiene que ver con la separación.

La realidad supera a la ficción, dicen. Y nosotros no paramos de darnos cuenta de ello.

La realidad supera a la ficción y a los tratados y a las terminologías. La realidad va más rápido que las palabras que la describen. Como cuando a la hija de una de estas familias le piden que lleve una foto de su familia al colegio y no sabe si llevar una en la que sale ella con su padre, su madre y su hermana de padre y madre o una de ella con su padre y la novia de este con sus hijos o una de ella con su madre y su nuevo novio con sus hijas o ¡si tiene que intentar hacer una foto de los diez juntos!

O cuando un niño que acaba de saber que su madre está embarazada de su pareja actual, le pregunta si, cuando a él le toque ir con su padre, su nuevo hermano también tendrá que irse con él.

O un niño y una niña cuyo padres son novios y que discuten mientras esperan al autobús si son hermanos o hermanastros o si no son nada hasta que otro niño resuelve la discusión diciendo que él lo tiene muy claro, que él diría que son «hermanotrones».

Igual hay que hacerle caso y crear esta nueva palabra. Por lo menos sería una palabra inocente, sin pasado ni prejuicios: una palabra de buena voluntad.

Familias que se separan, que se unen dejando atrás la separación y embarcándose en nuevos proyectos vitales. Proyectos que escapan a este libro, pero que bien merecerían la escritura de otro.

A pesar de los casos extraordinarios que salen en la prensa y de las cuestiones más escabrosas, la realidad es alentadora.

Como dijimos al comienzo del libro, cuando empezamos a escribir este libro nos gustaba imaginárnoslo como ese café que te tomas un día con un amigo que ha pasado por lo mismo por lo que vas a pasar tú y de cuya experiencia te fías, alguien con el que hablas porque sabes que algo de lo que te cuente te va a servir, porque ves que ha salido del proceso sano, alegre, con ganas de vivir.

Esperamos que el libro haya cumplido su objetivo y que tú te hayas sentido acompañado en tu proceso y salgas de aquí con algún prejuicio menos y que, igual que las familias que han participado en el libro han encontrado su manera de hacer las cosas, tú seas capaz de encontrar la tuya.